日本一稼ぐ弁護士の仕事術

How to Change Your Work and Your Life by Changing Your Mind.

弁護士・実業家・冒険家
福永活也
Katsuya Fukunaga

CROSSMEDIA PUBLISHING

はしがき

『日本一稼ぐ弁護士の仕事術』とは、なんとも炎上必至の仰々しいタイトルですが、私は稼ぐこと自体を大切に思っているわけではありません。そして、本書も稼ぐことを第一の目的として何かをお伝えする本ではありません。一方、依頼者や消費者のニーズに応え、市場から評価されることが稼ぐことに繋がるのも事実なので、いわば収入はビジネスにおける通知表といえます。逆に「稼げない」、つまり市場から評価されていないのに、やり甲斐や、社会のため、と言ったところで自己満足に陥りがちです。そうである以上、「稼ぐことができる力」はとても大切です。

例えば二宮金次郎は「経済なき道徳は寝言である」と言っていますし、日本マクドナルド株式会社の創業者である藤田田さんも「日本人は金儲けを軽蔑するが、金儲けができないのはバカだと思うようにならなければならない」とまで言っています。

私は弁護士になってから、最初の2年間を弁護士法人北浜法律事務所の東京事務所で、次の2年間を東日本大震災の被災者支援のために国が設立した株式会社東日本大震災事業者再生支援機構の東京本部で、それぞれ勤めた後、２０１４年、弁護士5年目にして独立しました。当時の都心の弁護士にしては比較的早いタイミングでの独立です。

独立した理由は、本当に自分がやりたいことに最大限熱中し、自分の望むライフスタイルを実現させたかったことと、自分の通知表である収入によって、市場からどれだけ評価してもらえているかを直接感じたかったからです。

弁護士の年収（売上）ランキングは公表されていませんが、課税所得（年収から経費等を控除して個人に帰属する利益）については、国税庁から主たる収入を弁護士とする人達の所得レンジごとの該当人数が公表されています。

私は独立後2年連続して、誰も雇わずただ一人で、弁護士業として得た収入のみで、国税庁統計の所得レンジでは最も高い5〜10億円のレンジに入り、弁護士業に関しては、日本一稼ぐ弁護士となることができました。

もちろん、当時いつも収入を考えて仕事をしていたわけではありません。クライアント

第140回国税庁統計年報書 平成26年度版 所得種類別(業種別)人員、所得金額(合計)152頁より抜粋

区分	所得階級別人員数									
	2億円以下		5億円以下		10億円以下		20億円以下		50億円以下	
		主たるもの		主たるもの		主たるもの		主たるもの		主たるもの
	人	人	人	人	人	人	人	人	人	人
弁護士	263	244	48	45	6	6	—	—	—	—

第141回国税庁統計年報書 平成27年度版 所得種類別(業種別)人員、所得金額(合計)150頁より抜粋

区分	所得階級別人員数									
	2億円以下		5億円以下		10億円以下		20億円以下		50億円以下	
		主たるもの		主たるもの		主たるもの		主たるもの		主たるもの
	人	人	人	人	人	人	人	人	人	人
弁護士	261	245	63	57	8	7	1	—	—	—

は馬鹿ではありませんから、競合もいる中で、「お金第一」の気持ちで仕事をしていて市場から評価されることはありません。実際、私はお金以上に仕事を通じた自己成長や、クライアントからの感謝、社会貢献の一助となれる喜びを感じる毎日に、心身の隅々まで満たされていました。それほど仕事に取り組むこと自体に心躍る毎日だったのです。ただ、改めて収入という名の通知表を見てみると、市場から評価される何かがあったからこそ、結果を出すことができたのだと思います。

また、独立後3年目以降は仕事以外のことにも熱中していくようになりました。その一つが、冒険への挑戦です。

冒険家の世界では、エベレストを含む世界七大陸最高峰の山頂と、北極点及び南極点の全九極地点に到達することを冒険家グランドスラムと言います。冒険家のスタンプラリーのようなもので、世界でまだ100人も達成していません。

冒険家グランドスラムは、国民栄誉賞受賞者である植村直己さんのような真の冒険家の方々が挑戦していた冒険と比べると安全で簡単な冒険です。それでも、私のような一般人にとっては、これに挑戦できるだけの体力、気力、時間、資金を満たすだけでも十分な難易度があり、いわば人生という冒険の中では大きな目標になります。何せ、エベレスト登頂であれば2ヵ月間丸ごと日本を離れて山に籠る必要があり、費用も1000万円程かかります。

私は2015年秋頃から少しずつ体を鍛え直し、冒険へのモチベーションを高め、時間とお金を確保し、自分が日本を離れられる体制を整え、一つ一つの冒険に挑戦していきました。2019年7月時点で、エベレストを含む世界七大陸最高峰の登頂と南極点到達を果たし、残るは北極点到達だけとなっています。

他にも思いついた事業や趣味は、片っ端から試すようにしています。いずれにしても自分なりに、仕事でも、趣味や遊びでも多くの自己実現を果たし、楽しい毎日を送っています。

ただ、自分の人生を振り返ってみて、他人と比べて何か特別な能力、スキル、人脈があったかと言えば決してそうではありません。

私は、三重県伊勢市という田舎出身で、父親は高卒の会社員、母親は小さな土産物屋の自営業をしていました。裕福でもなければ、特別なコネがあったわけでもありません。それどころか、父親からは長い間、精神的な虐待を受けていました。また、生まれながら身体面に不安もありました。１９００ｇに満たない未熟児として生まれ、高校生の時には今では難病に指定されているＩｇＡ腎症という慢性腎炎に罹患しました。

長い間、本当に取るに足らない実績しか残すことができていませんでした。高校は地方の公立高校で、常に平均以下の成績でしたし、進学した名古屋工業大学工学部は特別有名な大学、学部ではありません。大学在学中も勉強に打ち込めずに漫然と卒業し、何の目的意識も持てずに、専攻とは全く関係のない住宅の外壁リフォームの飛び込み営業の会社に就職しました。

就職後も毎日、怠惰な仕事をするのみで何も楽しいと思えず、会社にもいづらくなり、わずか2ヵ月で退職してしまいました。その後、生活のためだけに24歳までフリーターとしてレンタルビデオ店でレジ打ちや品出しのアルバイトをしていました。しかし、このアルバイトでさえ、真面目に働くことができず、商品の陳列や包装の仕方が悪いといつも先輩に怒られ、不甲斐ない毎日を送っていました。

そんな中、長い間私を精神的に追い詰めていた父親が病気で亡くなったことをきっかけに、自分の人生を見つめ直し、「本当にいつまでもこのままでいいのか」と思うようになりました。自分のため、社会のために何かに熱中できる日々を送りたい、と。丁度その頃、当時流行っていた『カバチタレ！』という行政書士をテーマにしたテレビドラマを観て、法律に興味を持ったのです。

ドラマ内で初めて耳にした法律用語を友達に使ってみると、何となく格好良くなった気がしました。その後、試しに行政書士試験の勉強を始めてみたところ、法律の勉強が凄く楽しかったのです。試験にはあえなく落ちてしまいましたが、生まれて初めて勉強が楽しいと思えた瞬間でした。その後、人生をやり直すために一から勉強し弁護士を目指そうと、関西大学法科大学院（ロースクール）に進学することを決意したのです。

司法試験に合格できる自信は全くありませんでしたが、主体的に取り組む勉強を楽しいと思えていたおかげで、3年間の法科大学院在学中、努力を少しずつ積み重ね、無事、初受験で出願者数7842人、合格者数2065人の内56位というまずまずの成績で合格することができました。その後、弁護士として一定の成果を上げることができたのはお話しした通りです。

大した能力も実績もなかった私が、結果的に一定の実績を残すことができた理由を考えてみると、私は自分なりに楽しいと思えることを探し、その対象が見つかると、とことん一生懸命に、かつ楽しみながら取り組むことが得意なのだと気が付きました。そして、挑戦の原動力となるモチベーションを高めて維持するための行動指針を数多く持っていることに気が付きました。この行動指針こそが「誰でもできることを、楽しみながら、誰よりもとことんやり続ける」ための秘訣でした。

私は幼少期から引っ込み思案で根暗。両親との関係も良好ではなかったため対話できる相手も少なく、自分で自分に語り掛ける機会が多い環境で育ってきました。そのため、自分の考えや感情を客観視し、言語化して理解することがいつの間にか得意になり、逆に言語化された行動指針で、自分の考えや感情をコントロールすることも得意になったのではないかと思います。

本書に限らず、自己啓発書やビジネス書の多くには「今を大切にして、新しいことにどんどん挑戦し、熱中しよう」、「挑戦への不安をなくし、楽しみを感じられるようになろう。そうすれば、仕事もそれ以外も必ずうまくいく」といったことが書いてあります。このようなことは誰もが何度も耳にしているはずです。しかし、人間は怠惰な生き物です。辛いことは避けてしまうし、飽きるし、素直になれない。あるべき姿を抽象的に語られたところで、その姿勢を貫くことなど中々できません。

大切なのは、抽象的な考え方を、日々自分に言い聞かせられるツールにまで落とし込むことです。具体的に言語化し、日常の行動指針にしていくことです。

そのため、本書では、私がこれまでいろんな場面で気付き、磨き、実践してきた様々な考え方やエピソードをお話ししていきます。

結論ではなく、自分にしっくりくる具体的な言葉やエピソードを探していただくことが大切なので、同じ内容でも違う言い方でお話ししている箇所もあります。


まずChapter1では、仕事をしていく上で最も大切な仕事の考え方、取り組む姿勢についてお話しします。精神論も交えた話になりますが、「誰でもできる当たり前のことを、誰よりも楽しく目一杯やり続ける」ためには、日々の業務にいかにポジティブに取り組み、楽しみを取り入れていけるかが重要です。

次にChapter2では、具体的な仕事のやり方について、私が工夫していることや意識していることについてお話ししていきます。Chapter1でお話しするような仕事の考え方の実践編です。様々な考え方や行動パターンを日常業務の中に落とし込んで習慣化していくことが大切です。

最後にChapter3として、仕事から発展して「人生の考え方や楽しみ方」についてお話しします。仕事は結局人生の楽しみの一つに過ぎません。仕事の楽しみをどう人生の楽しみに広げていくかは大切です。また、仕事そのものを発展させていくためにも、人生において趣味やプライベートの活動で学んだことを活かすことも重要です。

なぜなら、これからお話ししていく様々な考え方は、知識として知るのではなく、実際に人生に役立つことを身をもって経験し、自分の考えとして理解して初めて、自らの行動指針となってくれるからです。そして、仕事に比べて趣味の場の方が、結果を問われずに挑戦できます。また、仕事であれば対等な相手しか付き合う機会に恵まれにくいですが、趣味の場では一消費者としていきなり一流の人と接することもできます。このように趣味の場だからこそ実際に挑戦して経験することで得られるものは多く、それを仕事に活かさない手はありません。

そして、仕事の場、趣味の場、それぞれで学んだことを相互に活かしていくと、自分の考え方や哲学のようなものが統一されてきて、相乗効果で仕事も趣味もますます発展していきます。

ついては、各Chapterに出てくる様々な考え方は、必ずしも仕事の場でのみ、あるいは趣味の場でのみ当てはまるとは限りません。広く生きていく中で使える考え方として横断的に見てもらえればと思います。

本書では、弁護士業界での仕事に限らず、司法試験受験時代や冒険のこと等、仕事に直接関係のないエピソードも含めてお話ししていきます。なぜなら仕事もその他のことも、人生の一部であり、一生懸命に取り組む際の考え方は共通しているからです。

「意識が変われば考えが変わる。考えが変われば行動が変わる。行動が変われば習慣が変わる。習慣が変われば性格が変わる。性格が変われば人格が変わる。人格が変われば最後に運命が変わる」という言葉があります。まさにこの言葉の通り、意識を少し変えてみることが、全ての始まりです。

意識を変えるために、その一助になるような言葉や考え方を、本書から一つでも見つけていただければ、著者として嬉しく思います。

日本一稼ぐ弁護士の仕事術　目次

Chapter 2
日本一稼ぐ弁護士の「仕事」のやり方

Chapter 3

日本一稼ぐ弁護士の「人生」の考え方・楽しみ方

Chapter 1

日本一稼ぐ
弁護士の
「仕事」の考え方

Chapter 1では、好きで熱中できる仕事を積極的に探していくための考え方や、新しい仕事や業務を前向きに取り組んでいくための考え方についてお話しします。

「誰でもできる当たり前のことを、誰よりも楽しく目一杯やり続ける」ためには、日々の業務の中にいかにポジティブに楽しみを取り入れていけるかが重要です。そのために、自分に言い聞かすことのできるツールとしての具体的な言葉を見つけていくことが大切です。

ここでは私に合った言葉でお話ししていますが、読んでいて「使えるな」と思ったところがあれば、自分なりに言い聞かせやすい言葉に変換していただければと思います。

「ドリアンようかん」は好きですか？

仕事に限らず、熱中できるものがない、やりたいことがないという相談を受けた時に、私はよく「ドリアンようかんは好きですか？」と質問します。

すると、ほぼ全ての人が「好きでも嫌いでもない。食べたことがないからわからない」と答えます。では逆に、「好きな食べ物はなんですか？」と聞くと、人それぞれ、「焼肉」「寿司」などと答えてくれます。

では、「その好きな物を食べたことがありますか？」と聞くと、もちろん全ての人が「はい」と答えます。

何をもったいぶった質問をしているのだと思われるかも知れませんが、ここでお話ししたいことは、過去に一度でも食べたことがある物について初めて、好き嫌いが生まれるということです。一度も食べたことがない物について、好きや嫌いだという判断はできません。逆に、今好きだと思えている食べ物についても、それを初めて食べるまでは好きではなかったはずです。

これは、仕事や他の物事についても同じことが言えます。

どんなことでも経験してみないと好きか嫌いか、好きになりそうか嫌いになりそうか、判断できるはずがありません。

私は中学生になる頃まで極度の偏食で、米とわかめの味噌汁と肉しか食べない位に食わず嫌いの多い子供でした。そのような状態でしたが、中学一年生の時、所属していた野球部で、市内大会で優秀選手に選ばれたことをきっかけに、体作りのため何でも食べるようにしようと意識を切り替えました。

そして、思い切って飲み込むつもりで初めての食べ物を食べるようにしたところ、実は美味しく食べられる物が多いことに気付き、すっかり食わず嫌いはなくなりました。今ではどんどん新しい物を食べてみることが、人生の大きな楽しみの一つになっています。

仕事でも、過去の経験と全く異なる分野に挑戦してみると、好きになり、ハマっていくことが必ずあります。

私は弁護士として、最初は訴訟等の係争案件を中心にやっていました。ある程度慣れてくると同種の案件を扱うのが楽になってきますが、同時に新しい楽しみや成長が減っていくこともあります。そこで、次に合併や企業買収等のM&A、事業再生分野、東日本大震災の被災者支援と、取り組む分野を次々と変えていきました。すると、その度に新しい分野はなんて楽しくてやり甲斐があるのだとワクワクしていきました。

逆に、自分の将来の得意分野はこれにしようと決めてしまい、他の分野を避けていたら、今のように複数の分野に発展した仕事で楽しめるようにはならなかったはずです。

さらに私は、弁護士の枠に留まらず、不動産業、レストラン経営、人狼ゲーム店舗経営、モデル事務所経営、ファッション事業経営、タレント活動、執筆活動と、次々と新しいことに挑戦しています。どれも最初は全く経験のない分野でしたが、挑戦してみると楽しいものばかりです。

このように、好きなもの、楽しいと感じられるもの、熱中できるものを見つけるためには、まずは試しに色んなことを経験してみる必要があります。

つい「好きじゃないからやらない」、と言ってしまいそうですが、それは当たり前のことです。経験したことがないものを、好きであるはずがないのです。初めは好きか嫌いかわからないけれど、試してみることが大切です。

ちなみに、ドリアンようかんは、台湾でよく見かけるお菓子ですが、触感がぐにゃっと違和感のある柔らかさ。風味はドリアンの臭みで、個人的にはあまり好きではありません。

これも、試したからわかったことです。

食べずにりんごの味を理解できるか

ほぼ全ての人がりんごを食べたことがあると思います。

ですが、例えば、りんごを食べたことがない人に対して、りんごの実物を見せて、果肉は固くて噛み応えがあり、噛み締めた後は果汁の爽やかな瑞々しさが口の中に広がり、その味は強すぎない酸味の中に後味にかけて残っていく甘味が含まれている、などと説明したところで、実際にりんごを食べる経験をしてもらう以外には、りんごの本当の味を理解させることはできません。

百聞は一見に如かずと言いますが、それだけ身をもって経験してみることは重要で、経験でしかわからないことばかりです。

私が大学生の頃の話を例にします。クラスメイトと居酒屋での食事中、電話がかかってきて一時的に外に出る際に、冗談半分で女友達の履いていたヒールを借りたことがありました。生まれて初めて女性用のヒールを履いた私は、そのあまりの不安定さといつもより高くなった目線に、全く安定して歩けず、不安定な竹馬にでも乗ったかのように、何度もガクガクと体勢を崩し、転んでしまいました。受け身さえ、まともに取ることができませんでした。

ヒールは高くて不安定で転びやすく、転ぶと危ないこと位は知識として知っていましたが、実際に履いて体感し、ようやく具体的に理解することができました。この出来事以来、女性と一緒に行動する際は、その女性が履いている靴を必ず確認し、その日の行動手段や行動量を考えるようになりました。

これは、実際に自分で経験したからこそ、心から思えるようになったことです。逆に、経験してみないとその物事を心から理解することはできないはずです。

単に人から聞いたり、メディアで見たりして得られるイメージだけで、物事を決めつけてしまわないことが大切です。

今日から3年間、一度も「忙しい」と言わずに生活する

後輩や友人から、「成功する秘訣は何ですか？」と聞かれることがあります。その時私は、今日から3年間、一度も「忙しい」と言わずに生活してみてください、と答えています。

なぜなら、何か新しい挑戦を断る理由として最も多いのが「忙しい」という理由だからです。そして、「忙しい」という理由には中身が伴っていないことが多いものです。

26歳の秋にこのことを思いついて以来、私は何かを拒否する理由としては一度も「忙しい」という言葉を口にしたことがありません。同じく、「疲れた」「体調が悪い」「無理」といった言葉も使わないように強く意識しています。

私が弁護士1年目で入所した法律事務所は、当時で100人近い弁護士が所属しており、

所属する弁護士の人数だけで言えば国内では7番目で、同期も6人いました。このように、ある程度の規模のある法律事務所の多くは、パートナーと呼ばれる経営者側の弁護士と、アソシエイトと呼ばれるサラリーマン的な勤務弁護士に分かれています。パートナーが全員で共同してアソシエイト達を雇っているようなイメージです。パートナーがとってきた仕事を、アソシエイトに振っていくのですが、各パートナーはアソシエイト達が現在どの程度仕事を抱えているか、横断的には把握をしていませんでした。

そのため、パートナーが何人かのアソシエイトに一斉送信で「誰か空いている人がいたら、この事件を一緒にやりませんか？」といった形で投げかけることが頻繁に行われていました。

こういう時、他の同期の弁護士は、自分の仕事の状況や手持ちの業務量を確認して、余裕があるかどうかを考えた上で、余裕がある場合のみ「参加させてください」と返信していました。ただ、常にある程度の仕事量は抱えているわけですから、「忙しい」と言ってしまいがちになります。しかし、私はこれに、まず「やります」と返事をしていました。

色々な挑戦や誘いを一旦「Ｙｅｓ」で受けてしまって、タスクを手元にかき集めた上で、どうやって時間をやりくりしようか考えていくようにしていました。すると、活動時間そのものを増やすことを考えたり、時間の効率化を図ったり、時間を最大活用化できるようになっていきます。

イメージとしては、時間という箱の中に、仕事やタスクのゴムボールが詰まっているような状態です。ゴムボールは最大まで膨らむので、ゴムボールの数や大きさに関わらず、常に時間の箱は満タンに詰まった状態に感じます。しかし、既に入っているゴムボールを縮めて新しいゴムボールを無理やり押し込んでしまえば、意外と時間の箱の中に納まってしまうものです。そして結果的に時間の箱が破裂することなく、こなせていけるものですし、それでこそ自分の限界の幅が広がっていきます。

当時、私は自分の時間の箱に際限なく仕事というゴムボールを詰め込んでいきたいと思っていました。私のいた法律事務所では、毎日の業務内容や業務時間をチェックして、所内のシステムに現在進行中の案件内容や業務量を入力するようになっていました。私はいつも、これを過少申告していました。あまりに私に業務量が偏っていることがパートナーにばれてしまうと、案件が減らされたり、労働管理の面からも指導される可能性があったからです。

時間の箱とゴムボール（タスク）

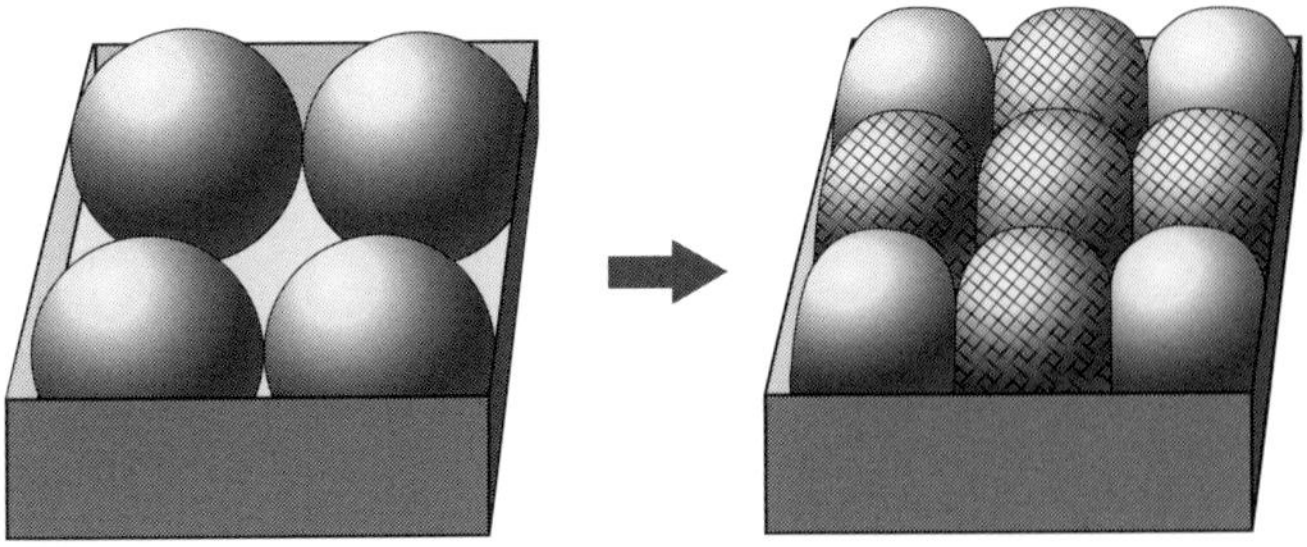

常に箱（時間）の中はゴムボール（タスク）で一杯のように感じるが、
追加でゴムボールを詰め込んでも、密度を高めながらも箱に納まる。

また、自分が発する言葉や態度から、「私は忙しくはないのだ」と周囲にイメージしてもらえるような発信を心がけてきました。

そうすると、私が担当する案件は結果的にどんどん増えていき、弁護士2年目に入る頃には、同期の弁護士の2倍程度の仕事量をこなすようになっていました。

新しい挑戦への最大かつ手軽なストッパーとなるのが「忙しい」という言葉です。この言葉はとても便利で、実際に具体的な予定があるかどうかに関係なく、いつでもどこでも誰でも使えてしまうので、挑戦に際して何か消極的な理由があったり、積極的なモチベーションを感じられなかったりすると、口癖のようについ「忙しい」と言ってしまいます。

しかし、新しいことに挑戦するのであれば、それに要する時間が現在のタイムスケジュールに加わるわけですから、今より忙しく感じるのは当たり前です。ですから、少し時間の使い方の効率を良くしたり、いらない時間を削減したりして、新しいことに挑戦する時間を確保していくしかありません。

よく考えてみると、そもそも「忙しさ」とは、タイムスケジュールの客観的な濃密度だけで決まるわけではなく、スケジュールをこなすスピード、効率、それらに対して主観的にどう感じるかといったことが合わさって決まるものです。口癖のように「忙しい」と言っていても、実は客観的には大してタスク量がないのに、ただタスクをこなすスピードが遅く、効率が悪く、さらに忙しさへの耐性がないため「忙しい」と過度に思ってしまっているだけかもしれません。

あまり適切な例ではないかもしれませんが、仕事に関して言えば、誰よりも忙しかったはずのクリントン元アメリカ大統領は、大統領としての公務をこなしつつ、奥さんもいながら不倫をしていたわけで、私のような一般市民が「忙しい」なんて言えるはずもありません。

「今の仕事が落ち着いたら新しいことに挑戦しよう」と考えることもあると思いますが、では、先々は今と同じだけ仕事をする気はないのか、と言われればそうではないはずです。将来には、その時その時の予定が新たにできているはずで、時間が余裕たっぷりになることなんて、きっと永久にないのだと思います。そうなると今やっていることと同時並行、同時多発的にどんどん新しいことに挑戦していくしかありません。

「忙しい」という便利な断り文句がなくなれば、とりあえずやってみるという選択をすることが多くなります。そして、とりあえずやってみる習慣がついてくると、全てに対して「Ｙｅｓ」から入ることになり、世界がどんどん広がっていきます。

そして、こういう姿勢は、必ず周りの人に伝わり、「あの人はいつ誘っても気持ちよくＹｅｓで応えてくれる」というイメージがついていきます。

試しに、今日から3年間、一度も「忙しい」と言わずに生活してみてください。3年が経つ頃には性格そのものも変わり、周りからの評価も大きく変わっているはずです。そして、必ず人生に大きな変化が生まれます。

仕事の対価は、報酬と経験である

「仕事の対価は報酬と経験である」。これは、ユニクロの柳井正さんが、経営のバイブルとしている『プロフェッショナルマネジャー』（ハロルド・ジェニーン著・プレジデント社）に出てくる言葉です。

まさに言葉通りですが、このことを強く意識していれば、「給料が上がらない」、「残業代が出ない」等といった報酬面の理由だけに、仕事への満足度を左右されなくなります。

私は弁護士になって最初の1～2年目は、土日祝日問わず、毎日平均的に朝10時から深夜1～2時まで仕事をし、休みは週に半日とるくらい。2日連続で休むことは年に一度あるかないか、元旦でも午後には事務所で仕事をするという生活を送っていました。朝方に業務が終わって帰宅し、軽く寝てからまた朝10時には事務所に行って仕事をするということも、全く珍しくありませんでした。もちろん、日中に睡眠不足で頭が働かなくなってしまうこともありました。そういう時は近くのマッサージ店で1時間マッサージを受けながら仮眠をして回復する。こんなことを日常的に繰り返していました。

これだけ必死で仕事に取り組み、同期の2倍程の仕事をこなしていましたが、この業務量の差は報酬には全く反映されていませんでした。

アソシエイトの収入は、事務所事件（パートナーがとってきた事務所の仕事をこなして事務所からもらえる給料）と、個人事件（自分でとってきた仕事からもらえる収入）とに分かれますが、事務所事件による給料は年俸制で予め決まっていて、業務量の多寡によって大きく変化しないようになっていました。

ちなみに、私が弁護士1年目に事務所からもらった給料は900万円程でした。当時私は30歳。大学院卒で都心勤務の専門職ではありますが、1年目ということからするとこれでも十分過ぎる金額でしたが、毎月の業務時間が常時300時間は超えていたことを考えると、特別多くもなかったはずです。

こういう仕事のスタイルは、激務とかブラック労働、あるいはやり甲斐搾取と呼ばれるようなものかもしれません。しかし、「経験」を対価と考えている私からすれば、毎日沢山の経験を得ることができ、掘れば掘るほど宝物が出てくるような、なんてお得な環境なのだと思っていました。

もちろん、どうしても組織的にブラック労働が深刻で、やり甲斐だけに目を向けて仕事をするには心身の危険を伴うこともあります。程度問題ではありますが、環境を変えられるのであれば変えればいいと思います。しかし、環境を変えられない中で業務をこなしていくのであれば、少しでもモチベーションを高めて取り組んだ方がいいのだろうと思います。

私は多くの経験を積んで着々と成長し、同期と比べて事務所から評価もされるようになり、より大きな仕事、難しい仕事を振ってもらえるようになりました。それが、後の独立等のキャリア発展に繋がり、結果として報酬にも大きく反映してくれたのです。

幸いにも私はこれまで仕事が少なくて困ったことはありませんが、もし独立したて等で時間は余っているけれど仕事がない、という人がいれば、完全無料で受任していけばいいと思います。報酬は手に入らなくても、経験はどんどん積むことができます。

仕事の価値を自分なりに設定する

仕事の対価は報酬だけでなく、経験でもあるという話をしましたが、私は、このように自分なりに仕事の価値を設定することをとても大切にしています。それも、抽象的に仕事とはこういうものだと考えるレベルではありません。自分なりに言葉にできる程に具体的に意識しています。そうなると、自分の価値判断の明確な指針になってくれます。

仕事に取り組む時、自分で設定した価値のいずれかが満たされていることを意識できれば、そこに楽しみを見出し、満足して思いきり取り組めるようになります。逆に、例えば報酬だけに目がいったりすると、報酬が増えないのに一生懸命頑張るのは損だというようなネガティブな考えになってしまいます。

私は、仕事には本質的な価値として、少なくとも、①経済的価値、②自己実現価値（やり甲斐や自己成長を感じられる価値）、③社会的価値、の三つがあると考えています。

まず経済的価値についてですが、責任ある仕事をした結果、報酬をもらえるということは、それはお金という意味でも仕事の通知表という意味でも、大きな価値があります。

他方、お金よりやり甲斐が大切だという考え方や、多かれ少なかれ、お金を求めることは悪いことであるかのような考え方も世の中には存在しています。

しかし、お金とそれ以外の価値は二者択一や二律背反の関係にはないので、いずれの価値も同時に両立して求めていけばいいのです。さらに言えば、市場から評価されてお金を稼げるような仕事ができてこそ、よりやり甲斐や社会正義にかなった活動もできるはずです。

実際にお金を稼いでみればわかります。それは圧倒的な努力、クライアントを思う気持ち、自分の活動が社会貢献の一助になっているという信念が揃わないと成すことはできません。これらを疎かにしてお金を稼ぐことはできないのです。

そして、経済的価値を得ることができれば、単に自分自身の物質的な欲求を満たすだけに留まらず、得られる経験の幅が広がり、自分のさらなる挑戦を支えてくれることもあります。また、自分の周りの人を幸せにする手段となることもあります。

次に自己実現価値です。自分が成長できている実感や、仕事そのものに熱中して体中がワクワクしている感覚は何物にも代え難い幸福感をもたらしてくれます。

やり甲斐搾取という言葉がありますが、私はやり甲斐が本当にあるのであれば、それで十分ではないかと思っています。今も昔も、楽しいと思えることなら、それがお金になるか、社会のためになるかはあまり気にせずに取り組むようにしています。

さきほどから、以前の法律事務所では、同期の2倍の業務量をこなしつつも、報酬に差はなかったという話をしましたが、自分が精一杯成長できていることや、多くの案件に携わってワクワクできていることに、真に満足し、胸が一杯でした。

最後に、社会的価値にも目を向けています。これは先の二つの価値についてある程度満足できているなと感じるにつれて、社会や特に下の世代の人に何か還元したいと意識するようになったものです。

特に弁護士の場合は、資格のおかげで実態以上に信用してもらえることも多く、それはつまり歴代の弁護士の先輩方が弁護士というものにブランド価値をつけてくれた恩恵を私が一方的に享受しているだけなので、一層、自分自身も社会や下の世代に還元したいと思うようになります。

このように、仕事について自分なりに価値を設定しておけば、単一方向で仕事の満足度を評価しなくてよくなります。

自分の年収とプロ野球選手の年俸を比べてみる

収入はビジネスにおける通知表だと思っています。

収入の話をするとどうしても金持ち自慢かのように解釈されがちですが、本当に自分の収入についてはビジネスの通知表としての思いが非常に強く、この考えは昔から変わりません。収入が増えたからといって、経験欲を満たすこと以外に、収入に比例して物欲を満たすこともありません。むしろお金を消費するためのものと考えていたら、年収3000万円もあればそれ以上はどうせ使わないので何の価値もありません。

ただ、収入が大きいということは、それだけ世の中でニーズのあるサービス、特殊性のあるサービス、最先端のサービス等、何かしらの付加価値のあるサービスを提供できているということです。仮に、お金儲けだけを意識して仕事をしていても、肝心のサービスの中身が伴っていなければ稼ぐことはできません。ですから、違法行為や特別モラルに反した稼ぎ方をしていない限り、経済的価値を得ることに躊躇せず、堂々と仕事をしていけばいいと思います。

そして、私が収入を通知表として意識するようになってから、初めて年収1000万円を超えた時、年収1億円を超えた時、連続する12ヵ月では最高10億円さえ超えた時、子供の時にテレビゲームで良いスコアを出した時や、学生の時に試験で良い成績をとった時、野球部で良い成績を収められた時と同じ感覚を覚えました。

また私は、昔から野球が好きで、プロ野球選手はみんなの憧れのスターであり、多くの人に感動を与えられる特殊性、専門性のある職業だからこそ、年俸も高いのだと思っていました。そこで私は弁護士になった際、プロ野球選手とは、仕事の内容も、専門性も、ニーズも全く異なりますが、やるからにはプロ野球選手に負けないくらい収入が得られるような、付加価値のあるビジネスマンになろうと思っていました。

私は弁護士になってから5年目で独立したので、例えば、歴代のプロ野球選手のうち5年目で最も年俸の高い選手と比較したり、過去一番年俸が高かった選手と比較したりして、追いつけた、追いつけなかったと、自分の中でこれを楽しんでいました。

比較の対象は何でも良く、もちろん過去の自分と比べてみても良いと思います。学生時代の模擬試験やゲームのハイスコアを競っている時を思い出して、遊び感覚で収入という名の通知表を無邪気に楽しんでみると面白いものです。

そして、実際に通知表の成績が上がってくると、それだけ市場から評価してもらっているのだという自覚を感じ、一層責任感が増したり、サービス向上に努めようという意識が強まったりもします。

スケールは全く及びませんが、歴代の起業家達が売上や時価総額の目標を定めていたのも同じことなのだろうと思います。

スピードと時間量は誰でも持ち得る武器である

仕事を発展させるためには新たな挑戦が不可欠です。そして新たなことにどんどん挑戦していくためには、時間の効率化が必要になってきます。

そこで私は、スピードや時間量を追求することは、新人であっても、特別なスキルがなくても可能であるという前提をよく意識していました。もちろん、闇雲に速いとか、ただ労働時間を長くするという意味ではありません。

弁護士1年目の時は、スキルや経験において他人に勝つことはできないので、スピードと時間量だけは誰にも負けないようにしようと思って仕事をしていました。

先輩から、どのタイミングでどんな仕事をお願いされても、スピードと時間量という武器さえあれば、必ず期待された以上の成果物には仕上げることができるはずだ、と考えるようにしていました。

また、弁護士として独立する時、東日本大震災の被災者支援業務に主に携わっていくことになりましたが、過去に誰も経験したことがない大災害を扱うことに多少の不安はありました。しかし、誰よりも調査して勉強する時間量という武器さえあれば、きっとやり遂げることができると思いました。

実際、私が最も扱うことが多かった、原発事故による放射能汚染の風評被害対策業務については、1年以上かけて、「原発事故」や「風評被害」というキーワードが入った過去の裁判例や出版されている専門書や文献はほぼ全て読み込みました。そのおかげで、自分なら必ずできるし、もし自分ができないことは他の人にもできない、自分が知らないことはまだ過去にも解決策が出ていないものだから今から考えるしかないと思えるようになっていました。

結果的には私が扱った案件の多くは、弁護士としての基本的知識があればできるものばかりでしたが、これだけ徹底的にやったという自信があったからこそ、独立1年目から堂々とクライアントに接して仕事をすることができたのです。

このようにスピードと時間量では誰にも負けないと思えるようになると、多少仕事が立て込んできても、何か失敗しそうになっても、ゴールが見えないことがあっても、自分には他人に負けない圧倒的なスピードと時間量という武器があるのだから、何とか乗り越えられるだろうと思えるようになります。

現在、私は38歳ですが、これからも新しいことを始めようと思っています。全く未経験でスキルのない分野、例えば、新しいビジネスの起業、一般企業への就職、新しい学問の勉強、料理等の趣味の追求を選択肢として考えていますが、どれをイメージしてみても、私にはスピードと時間量という圧倒的な武器があるので、きっとうまくやっていけるだろうと感じることができています。

スピードは最強の専門性になる

先程の話と似ていますが、以下は、私が弁護士2年目の時に、当時の法律事務所内では圧倒的なスタープレイヤーだと思っていた先輩に何気ない会話の中で言われた言葉です。

「最近の弁護士は、ともかく深い専門性や最先端の知識、特別なスキル、経験を得ようと試行錯誤している。しかし、弁護士業もサービス業であり、誰よりもスピードがある、誰よりも丁寧、誰よりも依頼者と感情を共有するといったことでも、クライアントには十二分な訴求力になる。そして、これらは弁護士1年目からでも追求することができる」。

ちなみにこの先輩は、いつでもすぐに海外出張でさえ行けるように、常に小型のキャリーケースに着替えやパスポートを入れて持ち歩いているような人でした。

私はこの話を聞いた時、ビジネスマン人生で過去最大の衝撃が走ったのをはっきりと覚えています。確かに、深い専門性や最先端の知識で勝負しようと思えば、キャリアの長い弁護士には中々勝てません。しかし、スピードであれば勝つことができるかもしれない。

私は、それまでもスピードを意識していましたが、これ以降一層強く継続的に意識するようになり、一例を挙げれば、基本的に24時間いつでも全てのメールに1時間以内に返信するようになりました。

深夜であっても、パソコンに送られてきたメールが携帯に転送されてきたことがわかると、少し目を覚まして内容を確認し、必要によっては起き上がってパソコンを立ち上げて返信していました。

クライアントからすると、メールを送り、返答を待っている時間には多かれ少なかれ待つストレスが発生します。こうすることで、それを極力減らすこともできます。

また、クライアントに対して、本当に24時間起きて仕事しているのではないかというぐらいスピーディーかつパワフルでエネルギッシュな印象を与えることもできます。深夜にメールの対応をするといっても、せいぜい週に1、2回あるかないかであり、その都度5分から15分の時間をかける程度のものです。しかし、私にメールをしてくれた相手からすれば、その1回の連絡に対して即座に返答が来ると、365日24時間体制で活動しているかのように錯覚してしまうのです。これは、小さな手間で大きな評価を得られて、とてもお得です。

そして、スピードにこだわって仕事をすると、自然と手元に留まっている進行中のタスクは減っていくものです。結果としていつでも余裕をもって機動的に考えて動けるようになり、仕事の質も必ず上がっていきます。

すると、本当に深い専門性や幅広い知識経験がある人の仕事に匹敵するような仕事ができるようになっていきます。

不安の大半は自信や自尊心を喪失することへの心理的恐怖である

スピードを上げて新しいことに挑戦する体制を整えたとしても、挑戦する際に不安を感じて、躊躇してしまうことがあります。

ただ、このような時に感じる不安の大半は、心理的な恐怖であると私は考えています。それは、失敗によって、自信や自尊心を喪失してしまうことへの恐怖であり、要は傷つきたくないという心理状態です。

例えば、司法試験の話をすると、私が受験をしていた当時は、法科大学院を卒業してから5年間のうち3回までしか受験ができず、3回不合格になると、改めて法科大学院に行き直す等しなければ、弁護士になれない制度になっていました。そのため、法科大学院に行きつつも、3回受験に落ちてしまったら、人生が終わってしまうかのように思いそうになります。

しかし、実際にはそんなことは全くありません。私の法科大学院時代の友人で無念にも司法試験に合格できなかった人達は、法科大学院で学んだ法律知識を活かして弁護士資格が不要な企業の法務部に就職したり、裁判所の職員等の公務員になったりしています。さらには、全く別の道に進んでいる人もいます。

逆に私の場合は、幸い司法試験に合格して弁護士になったものの、10年も経たずして日常的に弁護士業をすることはなくなり、今から全く新しいことに挑戦しようとしています。そうであれば、もし司法試験に合格していなかったとしても、今から挑戦しようとしていることを前倒しで始めていただけかもしれません。

もちろん、私にとっても、他の受験生にとっても、司法試験に合格するかどうかは一大事だったと思います。しかし、法科大学院に行く程の挑戦であっても、それが失敗したところで、人生が台無しになってしまう程のリスクがあるかといえば、そこまで大きなことではありません。もっと小さい挑戦であれば、なおさらリスクは限られています。

そもそも、私達はどんな失敗をしたところで、大して不幸になりようがありません。経済的には飢え死にするようなことはありませんし、特に地方に行けばわずかな生活費でも暮らしていけます。生活保護のような社会保障制度も整っていますし、貧富による差別もありありません。

私も大学卒業後、2年間フリーターをしていた時は、月収10万円に満たないくらいでしたが、週末は好きだった草野球を楽しみ、その時なりに平和で楽しい生活を送っていました。

それでもなお、新しいことへの挑戦を踏み止まらせる程の不安を感じてしまうのは、自分の人生の一部を賭して臨んだことが失敗に終われば自信や自尊心を失ってしまうという心理的な恐怖が大きいのだろうと思います。この心理的な不安、恐怖をうまくコントロールできないと、新しい挑戦に踏み切れません。

しかし、不安の中身は心理的なものが大半であると考えられるようになると、その不安をコントロールすることに意識が及ぶようになります。ものは考えようと言うように、心理的なものであれば、必ず自分でコントロールすることが可能なはずです。

失敗した後の生活も不幸なわけではない

何かに挑戦して仮に失敗した場合、心理的な不安以外に、例えば経済的に困窮してしまうのではないかという不安があるかもしれません。しかし、いわゆる貧乏生活が不幸というわけではありません。

私は大学院生の時、家賃2万円で、木造一軒家の一部屋を間借りしていました。入り口は一つで、何人かの学生がそれぞれ個室を借りていました。私の部屋はドアの立て付けが悪く、いつも開いている状態で、家に帰って来るとどこからか入ってきた野良猫が私のベッドで寝ているということもありました。私は猫が好きですし、自分自身も野良だと思っていて親近感を覚えるので、一瞬だけでも一緒に寝てもらおうとチャンスを伺っていましたが、結局そこまで懐いてもらうことはできず、いつも夜にはどこかに行ってしまいました。

世界を旅する時は、今でもバックパッカースタイルで出掛けますし、宿泊先として、一泊数百円程度の安宿に泊まることもよくあります。いつも外国人と相部屋で、部屋も凄く汚くてボロボロです。酷い時は、水道管が破裂して、フロア全体に数センチの水が張っていた宿もあり、その時はずっとベッドの上で生活をしなければいけませんでした。また熱帯地域では、夜は大量の蚊が発生するし、布団がダニだらけなので、暑いけど長袖、長ズボンで、手足の先を服の中に隠し、頭にはフードを被り、顔にタオルをかけて、蚊とダニから体を守って寝ることもあります。

こういった生活環境は、いずれもゲーム感覚で楽しいものですし、こういう生活を不幸と感じるかどうかは気持ち次第なのだと思います。

私は今ではある程度の経済力があるので高級な生活スタイルも楽しんでいますが、同時に貧乏な生活スタイルも楽しんでいます。仮にホームレスになったとしても、例えば、落ちている食べ物を見つけやすい場所や時間の統計を取って戦略を練ってみる等、生活を楽しむ自信があります。

このように、自分が楽しめるし、許容できる生活スタイルの幅を広げていくと、どんな最悪の状況でも怖いものはなくなります。とはいえ、これらは極端な話で、ここまで経済的に困窮するケースは少なく、実際にはもし失敗しても何度でも再挑戦が可能ですし、それでも失敗し続けた場合には、仲間に助けてもらえますし、それすらできない場合にも社会保障制度があるわけですから、心配はいりません。

目的が成功ではなく「失敗しないこと」になっていないか

心理的な不安が大きくなると、失敗して傷つくくらいなら、何も動かなければ自信や自尊心を失うリスクを負わなくて済むという結論に陥ってしまいます。つまり目的が、成功することではなくて、「失敗しないこと」になってしまう状態です。

そうなると、そもそも何も挑戦しないことを選択しがちになりますし、形だけ挑戦したとしても、自信や自尊心を失わないように、全力の努力を避け、自分の中で失敗したと思わなくていいように、どこかで言い訳を残そうとしてしまいます。

また、新しいことに挑戦すると、これまで経験したことのない不安や課題と向き合うことになりますが、何も挑戦しなければ、現状の不満を我慢すればいいだけです。現状の不満こそが現に改善したい問題のはずですが、これまでも一応は受け入れてきた不満であるため、多かれ少なかれ耐性ができており、過少に考えがちです。

はっきりこう認識することはなくても、内心では心理的な恐怖を避けるために、いろいろな言い訳を探そうとしてしまうこともあるはずです。

このように、心理的な不安は、新しい挑戦を遠ざけるように働きます。ですから、挑戦に対して不安を感じた時は、いつの間にか目的が変わっていないかを考えるようにしています。

失敗で喪失感を感じることは自意識過剰である

私は、失敗すれば自信や自尊心を喪失してしまうと感じること自体が、自意識過剰なことだと考えています。

なぜなら、失敗により自信や自尊心が失われるということは、それだけ自分は期待に値する人間だということが前提となっているからです。

例えば、凄く知名度があり実力者と言われている人が何か失敗をしてしまうと、世間から注目を浴びて、あれこれと非難されることがあるかもしれません。でも、逆に赤ちゃんがどんな失敗をしても、それを本気で批判する人はおらず、むしろ挑戦したこと自体が褒められるはずです。

私の場合も、自分が何か失敗したところで、そもそも自信や自尊心の喪失と言えるほどの期待を受けているわけではないと思っています。元から名誉も何もなければ、恥をかくことさえできないわけです。

こう考えると、そもそも失敗したということ自体が傲慢な気もしてきます。私が挑戦する程度のことは、世間からすれば何の注目にも値しないし、私なりに何かに成功しようが失敗しようが、誰にも関係のないことです。

ですから、そもそも成功だとか失敗だとか考えずに、純粋に自分がしてみたいこと、興味が湧いたものを、ただ挑戦するようにしています。

マイクロソフト創業者のビル・ゲイツも、「世界はあなたの自尊心には興味がない」と言っています。

また、ユダヤ教の教えで、「世の中にいる10人のうち、1人はどんなことがあっても批判してくる。２人は全てを受け入れてくれる。７人は無関心である。このうちどの人に着目するか」というお話があるようです。そして、現実社会では、この批判してくる１人は、声が大きく、かつ一つの批判ポイントに対して仲間を募って１００倍にして批判するような人です。

凄く大きな批判集団のように感じますが、それはその人達がそういう性質を持っているというだけで、そのまま真に受ける必要はありません。ましてや、社会の全員が同じように他人である私に関心を持っているわけでもありません。

ですから、こんなことをしたら誰かに批判されるかもということは全く気にする必要はなく、むしろ悪名は無名に勝るというように、批判されるということは、それだけ行動のインパクトが大きいことを示しているわけですから、誇りに思うべきです。

批判を気にせず、自分の活動なんて大半の人は目にも留めないのだと思う、もしくは、わずかに喜んで賛同してくれている人だけを意識して挑戦していけばいいのです。

また、自尊心の喪失とは異なりますが、自意識過剰という話ですと、私が学生時代にバックパッカーで南米、アフリカ、中近東等に出かけていく際、友達からは「危なくないか」

とよく注意されたことを思い出します。仮に、何か危ない目に遭うとしても、強盗だって、私の命を狙う必要性はなく、狙われるのはお金です。ですが、バックパッカーの最中に持ち歩いているお金なんてせいぜい10～20万円程度で、全額奪われたところで人生においてはどうってことありません。

わずかな確率で強盗に遭ったところで、わずかなお金が奪われるだけなのに、それを理由にバックパッカーを避けて経験と思い出を得る機会を失うとは、なんて自意識過剰なのだろうと思っていました。

このように、自分は元から何も持っていないのだから、失敗したらどうしようなどと心配する必要はないと思っています。

歳を取るリスクを意識する

新しい挑戦に対して、様々な不安やリスクを感じることはありますが、それよりもっと意識しなければならないのが、歳を取るリスクです。

一日一日人生は縮まっていますから歳を取ると今後のチャンスが減っていきますし、能力、身体、感受性が劣ってしまうこともあります。ですから、抽象的な不安に怯えつつ、挑戦をためらうことでリスクを回避できているつもりが、実は歳を取るという一番確実なリスクを負っていることを意識する必要があります。

独身の私が言っても説得力がありませんが、婚活で例えると、新しい恋人を探そうとすると、思いが伝わらなかったり、傷ついたりするリスクがあるので、出会いを避けてしまうことがあります。しかし、いつか結婚したいと思っているのであれば、婚活せずに立ち止まっていると、歳は取っていくので、どうしても現実的に不利になっていきます。

前に進む場合には、心理的なリスクを負う代わりに成功の可能性があります。一方、立ち止まる場合には歳を取るリスクがあるのみで成功の可能性はありません。こう考えると、前に進むしかありません。

一番良くないのは、いろいろとリスクを避けて立ち止まってきた結果、実際に歳を取ってしまい、今度はもう歳だから挑戦できないなんて言い出すことです。そうなってしまったら、本当に一生何も成せずに終わってしまいます。

フェイスブック創業者のマーク・ザッカーバーグも、ミッキーマウスの生みの親であるウォルト・ディズニーも、「人生における最大のリスクは一切のリスクを取らないことである」と言っています。

新しい挑戦をしないことは、一見ノーリスクですが、時間が有限である人生にとっては歳を取るという非常に大きなリスクを負っていることを意識しています。

挑戦前の無限・無数の不安は、挑戦後に具体的課題になる

新しいことに挑戦する前の不安は、まだ起きてもいない将来に対する不安なので、全てが仮定、空想の上に成り立ってしまい、いくらでも無限、無数に広がってしまいます。

私が司法試験に挑戦しようと思った時に例えるとこんな感じです。「24歳から法科大学院に入学した後、授業についていけずに留年したらどうしよう。さらに何とか卒業し、司法試験を受験したものの結局不合格となったらどうしよう。その頃には、30代中盤にもなり、何年分もの学費と生活費を消費してしまった上に何も手元に残らなかったらどうしよう。結局、ほそぼそとフリーター生活に戻っていくぐらいなら、24歳の今、フリーターを続けていた方がマシなんじゃないか」と。

でもこれらは、全てがまだ起きていない仮定の話なので、実際にはそんなことが起きようもないネガティブな結果がいくつも重なってできた空想のリスクです。

本当に、私の司法試験受験生活がこのように進んでいくことは有り得ません。まず法科大学院の授業についていけない状況を何年も放置することは現実には起こり得ません。途中で勉強の仕方を変える等して対策を打つからです。それでも、どうしても自分には向いていないと悟ったのであれば、だらだらと何年も続けずに1、2年も経たずに進路を変えるでしょう。また、何とか卒業しつつも司法試験に合格できなかった場合にも、その時には一般の人に比べると確実に法律知識はついており、何も手元に残っていないわけではありません。ですから、弁護士資格まではいらない法律職に就職する機会も出てくるでしょう。そもそも同じような状況の人は他にいくらでもいる中、自分だけが特別不幸な人生を歩むわけがありません。

このように、挑戦する前の不安は、全てが仮定の話なので、無限に無数に広がっていくものです。それどころか、前提としている事実や情報がでたらめだったり、不十分だったり、流動的だったりするため、仮定で考えることに意味がありません。また、そもそも空想のリスクなので、どれだけ検討してみたところで、具体的な対処法が見つかることは少なく、そういった抽象的な不安が晴れることはありません。

他方、実際に挑戦してみると、仮定的だった前提事実が一つの現実として固まります。その上で、一つ一つの選択について何らかの結果が伴っていきます。そうすると、その都度検討すべき課題も、具体的で限られたものだけになっていきますし、空想ではない現実の課題なので向き合って具体的に対処することができます。

これは製品についてくる説明書の使い方に似ているかもしれません。私は、何か新しい製品を買ってきた時に、説明書をよく読まずにとりあえず試しに触ってみることが多いです。それで、いろいろ触ってみた結果、うまく起動しない時や、もっと良い使い方がないかと思った時に、初めて説明書を読んでみるようにしています。なぜなら、まだ起きてもいない問題を抽象的に想定して、説明書をいくら読み込もうとしたところで、今はまだ現実に困っていることがないので真剣に読み込めませんし、読んだところで先々のトラブルを全て予め取り除くことはどうせできないからです。それよりは、とりあえず試してみて、いざ具体的な問題が出てきた場合にこそ、やる気を出して問題に関する箇所を丁寧に読んで具体的に解決していけばいいからです。

このように説明書をよく読まない人は多いのではないかと思います。人生の挑戦についても、同じようにトライアンドエラーで試していくのがいいのだろうと思います。

一度も反対されたことのない成功者はいない

私が24歳でフリーターから司法試験に挑戦しようと思った時、それまで一度も法律を勉強したことがなかったので、何人かの人にそんなに簡単ではない、リスクが大きいと反対されました。こういった言葉には、心理的な不安を煽られそうになります。

ちなみに、当時は司法制度改革と銘打って、政府が弁護士を倍増させる計画をし、2、3年のカリキュラムが組まれている法科大学院を卒業すると、今までよりも高い合格率で司法試験に合格できるようになると言われていました。

しかし、従来の司法試験は、受験資格が緩やかで誰でも受けられ、受験回数も無制限なため、記念受験や数年先の合格を見据えて練習で受験する人が沢山いました。このように合格の見込みが全くない受験生が大量にいたため母集団が選抜されておらず合格率が下がりがちでした。一方、新しく始まる司法試験は、一定の倍率のある法科大学院に入学した上で、2、3年間、大学院で勉強して卒業した人しか原則的に受験資格がありません。そのため、一見合格率は高く見えるものの、母集団が選抜されていて、従来の司法試験の上位層だけの勝負になるようなもので、そこまで簡単になるわけではありませんでした。しかも、受験回数が制限されており、当時は、卒業から5年以内に3回までしか受験できず、もし3回不合格になれば、法科大学院にまで行っておきながら、弁護士になれないリスクがありました。

だからこそ、私が司法試験に挑戦してみようかなと思った時には、いろんな人から反対されてしまったのです。そのため、私は不安になり、やはり挑戦をやめた方がいいのではないかと考えることもありました。

しかし、この時、ある先輩から、「逆に、一応は国内で最難関の試験の一つと言われている司法試験に挑戦する人で、誰にも反対されずに、あなたなら必ず受かるだろうとしか言われなかった人がどれくらいいるのだろうか」という言葉をもらいました。

これは、司法試験に限らず、他のどんな挑戦でも同じです。例えば、プロスポーツ選手、アーティスト、タレント等はわかりやすい例ですが、それ以外にも何か新しい挑戦をする場合には、多かれ少なかれ反対されるものです。

ましてや、誰もやったことがないような新しいことに挑戦する時は、世の中のほとんどの人から反対されることもあります。これについて、アップルの創業者であるスティーブ・ジョブズや、ホンダの創業者である本田宗一郎さんは、世界中の誰もしたことがない新しいことに挑戦したいと思っていたため、コンサルタントの意見や市場調査を全く参考にしなかったそうです。新しいことに対して、世の中の人が評価できないのは当然で、反対されることがわかりきっているからです。

逆に言えば、これまで何かに挑戦して成功してきた人は、ほぼ全員、誰かに反対されながらも、自分ならできると信じて挑戦をやめなかった人しかいないわけです。

ですから、私も、何人かに反対されましたが、そんなことは当然で、これまでの成功者と同じく、反対されても挑戦すればいいのだと考えるようにしようと思っていました。

他人ができることは自分も必ずできる

私は、他人ができることは自分も必ずできると思っています。なぜなら、自分のことを特別視しておらず、自分は世の中で平凡にフラットに存在していると思っているからです。

逆に、それなりに多くの人ができていることで、自分はできないと言ってしまうことは、自分が世の中では例外的な特別な存在だと言っているようで恥ずかしくなります。

例えが難しいですが、食べ物の好き嫌いで言ってみると、世の中の多くの人が食べている物を嫌いだということに違和感があります。なぜなら、自分は特別な存在ではないので、自分の味覚が正常で世の中の多くの人が不味い物を食べているのではなく、それを美味しいと感じられない自分の味覚の方がおかしいのだという結論を先に考えるからです。

逆に、私ができることは他人も必ずできると思っています。

例えば私が日本一稼ぐ弁護士になれたという話をした時に、何か特別な才能があるのだろうとか、特別な裏技を使ったのだろうとか、酷い場合には、何か悪いことでもしたのだろうなんて考えてしまうのはとてもネガティブです。

これは、試験で成績が良い人に対して、特別頭が良かったのだろうとか、その人だけが知っている特別なノウハウがあったのではないか、どうせカンニングでもしたのではないかと思ってしまうのと同じです。実際、私が本書のタイトルをＳＮＳで公表し始めた際も、嘘をつくな、依頼者を騙している、高い報酬を請求している、雑な仕事をしている等と、散々煽られることもありました。

しかし、ここ数年の弁護士の課税所得の中間値が３００～６００万円程度の状況で、その１００倍以上もの成果を出してきた中、そんなに大量に騙される依頼者が存在するはずはないですし、雑な仕事をしていてこれだけの依頼者から支持を得られるはずがありません。

また、報酬は高いどころか、過去に存在した弁護士会の報酬基準からしたら3分の2以下の基準で頂戴しています。

実際には、私は特別なことは何もしておらず、誰でもできる当たり前のことを誰よりも目一杯やり続けてきただけです。他人ができたことに対して、同じ人間がしたことなら自分にもできるだろうと考えないと、一生その人には追い付けません。

私は、物事をポジティブに考えていくために、いつも世の中の人ができることは自分も必ずできるという結論を先に持ってくるようにしています。そうすれば、結論にたどり着くためにはどうすればいいかを真摯に考えて努力することができますし、もし結果的にその人と同じことが達成できなかったとしても、初めからできないと決めてしまうよりはずっと良い結果が出せます。

みなさんも、もし本書の中で良さそうなものがあれば真似をしてみてください。私にできることは、みなさんにも必ずできます。

目の前の挑戦を正しいものだと考える

いざ挑戦しようとする時も、挑戦し始めた時も、果たしてこの挑戦が正しかったのか、成功できるのかを考えてしまうことがあります。いろいろと頑張ってみた結果、成功しなかったらどうしようと不安を感じることもあります。

そんな時は、心の中で、まず成功するという結論を先に持ってきてしまい、その上で成功するためにはどうしたらよいかを考えるようにしています。

なぜなら、成功するかしないかわからないという想像をしていると、どうしてもとことん追求することができなくなり、心のどこかで予め失敗した時の言い訳を探すようになってしまうからです。それよりは、自分が努力すれば必ず成功すると思い込んでしまえば、それに向けたモチベーションを維持できます。

また、複数の選択肢のうち一つを選んで挑戦し、様々な困難にぶつかるような場合に、他の選択肢であればもっとすんなりうまくいったかもしれないと迷ってしまうことがあります。

しかし、これは思い込みで、実際に自分が選択した挑戦は、現に向き合って取り組んでいるからこそ様々な課題や困難が見えているだけで、選ばなかった選択肢にも見えていない様々な問題があったはずです。隣の芝が青く見えるのは、それに伴う苦労を体験していないからです。

私が弁護士として独立を決めた際、それまで勤めていた法律事務所にいれば楽しい仕事に携わって安定した収入がもらえたのに、とは一切思わないようにしていました。

組織に所属する安定を捨て、もっと自分がやりたいことに挑戦してみたい、自分の望むライフスタイルを実現したいと思って独立したわけです。そうである以上は、選ばなかった選択肢のことは考えずに、自分の選択が正しかったと思い込んで頑張るようにしていました。

逆に、やはり改めてどこかの法律事務所に就職し直した方が良いのではないかと迷いがあれば、それは自信のなさとしてクライアントにも伝わってしまい、それが独立の成功を阻害してしまいます。

また、複数の選択肢から一つの選択肢を選ぶ場合に、くじ引きの箱の中からくじを引く姿を思い出します。実際のくじ引きでは、多くのくじの中に限られた当たりが入っていて、その限られた当たりを引きたいと思うものですが、人生の選択肢においては、当たりの数や種類はもっと一杯あると思っています。箱の中のくじは全て当たりで、どれでも好きになることができます。ただ色や形や大きさが異なっているだけだと、考えるようにしています。

これは、ミュージシャンの甲本ヒロトさんの「幸せを手に入れるんじゃない。幸せを感じることのできる心を手に入れるんじゃ」というお言葉を聞いてから、特にそう思うようになりました。

私が司法試験に合格して就職活動を始めた際、複数の法律事務所から内定をいただきました。どの事務所も素敵でしたが、一つを選ばざるを得ません。

この時、どこが良いのかをあれこれと考えましたが、確信を持って一つを選ぶことはできませんでした。しかし、それだけ悩むのは全て良い事務所だからであって、ポジティブな意味でどこでも良いのではないかと思うようになりました。

結局私は、取り扱える業務の幅が一番広そうな事務所に決めたのですが、全ての選択肢が異なる種類の当たりだったわけですから、直感も含めて一つに決めた以上、これも当たりの一つなのだと確信を持っていくようにしていました。

どうせ何か決断をして挑戦していくのであれば、このように考えると前向きに取り組むことができます。

今、熱中できるものに取り組めばいい

アップルのスティーブ・ジョブズが2005年にスタンフォード大学の卒業式で行った講演がとても素晴らしいので紹介させてください。まだ聴いたことがない人は、YouTubeで「ジョブズ　スピーチ」等と検索すると、15分程度の日本語字幕付きのものが出てきますので聴いてみてください。

さて、ジョブズは、人生は点と点の連続であって、将来に向かって線を引くことはできないと言っています。あくまでも今に熱中して、現在に点を刻んでいった後に、結果的に過去を振り返ると点が何らかの形で繋がることもあり、そうなることを信じて点を刻むしかないと。将来どういう自分になりたいか、将来何をしたいかを考えて、今熱中するものを選ぶ必要はありませんし、むしろ現在が未来のための準備期間、助走期間と考えていては、心から今に熱中することはできません。

私は、テレビドラマの影響で行政書士試験の勉強をし、それが繋がっていって、司法試

験に合格するまでに至りました。しかし、行政書士試験の勉強をしていた段階で、司法試験に挑戦することなど全く考えていませんでした。むしろ、司法試験に挑戦するのであれば、その準備期間として内容がさほど重なっていない行政書士試験の勉強をしようとはならなかったはずです。そもそも当時の私では司法試験に挑戦するなんて滅相もないと思っていたので、当時の私が刻める点は、行政書士試験の勉強だけでした。しかし、先のことを考えずに、今刻める点をとりあえず刻んでみようと、行政書士試験の勉強に取り組み始めたことで、結果的には点が繋がっていって、今に至ったのです。

また、私は大学を卒業して住宅の外壁リフォームの会社で飛び込み営業職として就職したことがあります。真面目に営業していたのは入社後の5日間だけで、すぐに退職してしまったのですが、その5日間に関しては、毎日100軒200軒の家を回って外壁の状態を目で見て判断し、インターホンを押して営業をしていました。

当時はそこまで自分の人生に向き合えていなかったですし、今ほど物事に熱中する習慣もありませんでしたが、それでもその時に学んだことが今になって活きることがありました。

私は不動産投資として、全国に30棟以上の中古アパートの一棟買いをしてきましたが、購入の際には、候補物件が実際の築年数に対して、相応の経年劣化なのか、過度に劣化してしまっているのかを判断する必要があります。その際、過去に1日に200軒もの外壁を見比べるという特殊な経験があったことから、感覚的なデータベースが頭の中に残ってい て、建物の外壁の状態を見ればある程度の劣化具合を判断することができ、今になって当時の経験が役に立っています。

このように、過去に刻んだ点が、後になって結果的に役に立つこともあります。

ともかく、過去よりも未来よりも、今を一番大切にしています。今という時間は、将来と過去の中間地点という位置づけではありません。過去に何も築いていなくても、過去との連続性がなくても、未来に役に立つかどうかが見えていなくても、今だけを大切にしていけば、それは人生にとって十分大きな一部を構成します。

小さな夢や目標を作って進んでみる

何か熱中できるものを探すというと、いきなり会社を辞めて起業するかのような、大きな選択肢から探そうとしてしまいそうになります。いろんな成功者の話を聞いていると、「自分もそれだけ大きな成功を果たしたい！」と思うようになり、そういった成功者の現在のポジションをいきなり目指そうとしてしまうからです。

しかし、成功者達も小さな一歩を進んでいった先に大きな成功があったわけで、それをいきなり目指そうとすると現実味がなく、モチベーションが起こることもなければ、そもそも何から始めたらいいのかわかりません。

私も、フリーターだった時に、いきなり弁護士になろうと思ったわけではありません。なぜなら、当時の私にとっては、弁護士はあまりに遠い存在で、司法試験に合格しようなんて選択肢に入れるという発想すらなかったからです。自分とは生まれた時から異なる人間が挑戦するものだと思い込んでいました。

実際に私が最初に取り組んでみようと思ったのは、当時流行っていた『カバチタレ！』という行政書士を扱ったドラマの登場人物の物真似でした。当時の私には、そのドラマの中で初めて聞いた法律用語がなんだか格好良くて、真似して使ってみると、立派な人間になったような気がしたのです。

そして、そのドラマの中では、それまで法律を勉強したことがない女性が行政書士試験に向けて勉強を始めるシーンが描かれていました。私はそれを見て、自分も行政書士試験の勉強をしてみようと思い立って、書店で読みやすい可愛いイラスト付きの参考書を買って勉強し始めました。

すると、ほぼ生まれて初めて自分の意志で勉強を始めたからか、すごく主体的に学ぶことができ、誰に言われるわけでもなく、いつも参考書を持ち歩いて、ちょっとした隙間時間にも参考書を読むようになりました。今思えば、勉強している自分を世の中の人に見せたかったのかもしれません。

そして、行政書士試験の参考書を読んでみるという、当時の私でも手が届く小さな目標を立てて、まずは一歩目を進んでみたところ、学んだ法律知識で少し得意げになれるのが楽しいという、ほんの小さな成功体験を得ることができました。そして、この成功体験が、もっと本格的に勉強して弁護士を目指すために法科大学院に進学してみようという原動力に繋がっていきました。

このように、最初の一歩は、身近で手が届くものであれば不安も少なくて、一歩目を踏み出しやすいです。また身近で手軽な挑戦だと失敗してもリスクはありません。私の行政書士試験への挑戦も不合格になったからといって、何のリスクもありませんでした。

また、具体的で目の前にある短期目標を設定すると、それすら挑戦できないという言い訳は効かなくなりますので、実際に取り組むしかなくなります。むしろ、あまり大きくて遠い夢や目標を掲げたところで、成功に向かっている実感が湧かずに現実的な日々のモチベーションを高めるきっかけにはなりにくいこともあります。

また、小さくてもいいから夢や目標を持ち、それを追いかけるようになると、自分をいつもよりも輝かせてくれます。そうすると、いつも以上に良い友達や良いチャンスに恵まれるようになり、世界が広がっていくというプラスの連鎖も起きます。

結果、最初はほんの小さな夢や目の前の短期目標を積み重ねていくことで、自分の周りの物事が少しずつ変わっていき、最終的には人生そのものが大きく変わるほどに良い影響が生まれていきます。

夢や目標を持つのに遅すぎることはない

歳を取るリスクを意識するという話をしましたが、歳を取ったからと言って、挑戦が不可能になるわけではありません。

どうせいろんなことに挑戦していくのであれば、若いうちから挑戦を繰り返していく方が可能性は広がりやすいですが、歳を取ってからの挑戦だと成功しないということではありません。

私は大学を卒業して住宅リフォームの飛び込み営業職に就きましたが、すぐに辞めてしまいフリーターになりました。そして、当時住んでいた家の近くにあるレンタルビデオ店でアルバイトをしていました。このアルバイト先でも、全く仕事に熱中することはなく、よく怒られてばかりいました。特に、仕事中に友達の間で流行っていたアダルトビデオ女優が出演しているＤＶＤを発見した時、深く考えることもなく何となく観てみようと思って仕事中に借りておいたところ、データから店長にばれ、仕事中に何を借りているのだと怒られたことを覚えています。仕事中にわざわざＤＶＤを借り、しかもそれがアダルトビデオという、あまりにも情けなく不甲斐ない思いをしました。

また、23歳の時に一度だけ正社員として転職活動を試みたこともあり、とある会社から内定をもらったことがあります。しかし、あまりに私が世間知らずで、やる気もないので、研修初日に内定を取り消されるということもありました。今では会社名はおろか、何の業種、職種だったのかも覚えていないくらいに、全く目的意識もなく就職をしようとしていました。

そんな状態で、24歳になってから司法試験を目指し始めました。今でこそ38歳ですから、大学在学中から目指していようが24歳からだろうが、大した差がないように感じてしまいますが、当時は、すでに大卒の同級生は社会人3年目に入る年次でしたから、こんな不甲斐ない自分が、今更全く新しいことに取り組むのは遅くないだろうかと考えたこともありました。しかし、今となっては、いつ始めたかは全く大した問題ではありませんでした。

また、今後も新しいことにどんどん挑戦していきます。

例えば、2019年7月1日から2ヵ月間、寿司職人の専門学校に通います。38歳から寿司職人を目指すと言うと、それだけで冗談なのか、寿司だけにネタ作りなのかと言われるかもしれませんが、そうではありません。

寿司屋の中には、寿司職人の専門学校を出てわずか1年足らずでグルメ本の『ミシュランガイド』に掲載されて話題になっている店もあります。そこまで最短の成功事例でなくても、寿司職人デビューから数年で有名になっている職人さんはいくらでもおり、今から数年かければ成功する可能性は十分あります。同じ仕事を死ぬまで取り組むことを前提にしてしまうと、若い人に比べて先々の労働期間が限られているだけで、今からの何年間かを情熱を持って取り組めるのであれば何も差はありません。もし試してみたものの興味が続かず、寿司職人にはならなかったとしても、学んだ知識を活かして、寿司のホームパーティーができるかもしれませんし、今後のレストラン巡りもさらに楽しいものになるはずです。

また、ベンチャー企業への就職も候補として考えています。その際、年齢はハンディにはならないはずです。なぜなら、新卒でベンチャー企業に就職する新入社員の中には、社内で成長して十分な貢献を果たした上で、5年10年で独立していく人はいくらでもいて、会社側もそんなことは承知だからです。つまり、最初から終身雇用で何十年も一緒に仕事をしていくことを前提としていない現在では、今から5年10年という期間、若者と変わらないだけフレッシュで、情熱的で、パワフルに仕事ができるのであれば何も不利に扱われる必要はないはずです。

このように、同じ仕事を30年40年とやり続けたいのであれば別ですが、そうでなければ何かをやり始めて5年10年という期間、熱中して取り組めるのであれば、十分、高い到達点に届くぐらいにその分野で成功することはできるはずです。私だって、弁護士になってから5年で日本一稼ぐ弁護士になることができたのです。

そして、もしうまくいかなかったとしても、経験は必ず得られて、今後の人生を豊かにする材料となってくれます。ちなみに、少し大きな話になってしまいますが、ケンタッキーフライドチキンの創業者であるカーネル・サンダースが細々とフライドチキンの製造販売を始めたのは40歳になってからですし、フランチャイズモデルを考案したのは62歳になってからというのも有名な話です。

夢や目標を持つのに遅すぎることは絶対にありません。

人生はボウリングではない

ボウリングは、10フレームでのスコアを積み上げて総合点を競うゲームです。例えば、最初の3フレームがイマイチだとゲームそのものを投げ出してしまいたくなります。誰だって、3フレーム目が終わった時点で自分は0点に近いのに、他の人がすでに何十点も取っていたら、もう追いつくのは無理だと思って諦めたくなります。

逆に、3フレーム目が終わって、それなりの点数だと、まだ先があるからこのペースでほどほどに頑張っていけばいいかと思うことがあるかもしれません。

でも、人生は10フレームと決まっているわけではなく、20フレーム、30フレームと続いていくかもしれませんし、逆に、急に5フレームで終わりを迎えてしまうかもしれません。ですから、これまで散々失敗してきたと思っても、もっと長い人生が続いていくかもしれないので諦める必要はありませんし、逆にいつ終わってしまうかわかりませんので、いつかアクセルを全開にしようと悠長に構えていてはいけません。

また、ボウリングと違って、1フレームの最高得点が決まっているわけではありません。一時期に、これまでの人生を圧倒的に凌駕するような輝きを放って大成功を収めることがあるかもしれません。

また、ボウリングのスコアと違って、人生の評価の仕方は一義的に決まっているわけではありません。

例えば、ボウリングでもスコアが凄く悪くても、投げるボールのスピードが速いとか、投げ方が綺麗といった評価が可能なように、人生でも、仕事や勉強だけでなく、趣味、家族、人柄形成等、いろんな角度で人生を評価して、自分で成功できたと感じることができます。

仮に総合スコアが悪くても、1フレームだけ気持ち良いストライクを取れればその瞬間は楽しめるように、人生でも過去や未来と切り離して、今をとことん熱中して楽しみ、成功することもできます。

私も、24歳までフリーターをしていて、キャリアとしては足踏み期間がある状態でした。ボウリングに例えると、最初の3フレーム目までがガーターだったようなものです。

今から何かを目指したところで、先を進んでいる人には勝てない、もう諦めてしまおうかと思ったこともあります。

しかし、人生はまだまだ長いし、人生のうちに、何フレームかだけでも頑張った期間があってもいいじゃないかと思って、司法試験に挑戦してみました。

私の場合は運良く司法試験に合格できましたが、仮に弁護士になれていなかったとしても、一瞬でも自分が本気で熱中して目指したものに近づき、自分史上の高みに昇ることができたという感覚や経験は自分に残り、ここで得たものは必ず今後の人生にも活きていくものだと思います。

挑戦にまつわる困難や不安を「楽しみ」に変換する

新しい経験や挑戦に対して、「失敗したらどうしよう」、「慣れないことをしたら過度なストレスが発生しないだろうか」と様々な不安を感じてしまいますが、こういった不安を感じる環境を、楽しみに変換することができれば、挑戦へのハードルは一気に下がります。私もそうですが、よほど強い人でなければ、辛い努力を継続したり頑張り続けたりすることはできません。ですから、辛いことを気合や根性で乗り越えようとするのではなく、そもそも辛いと思わない、新しい挑戦を楽しいと思えるように、自分の気持ちをコントロールしていくことが大切です。

一方、将来の夢や抽象的な目標を掲げるだけでは、自分のモチベーションを高める働きをしてくれないこともあります。なぜなら、例えば数年先の司法試験合格や、その後の弁護士として働くということを夢や目標にしたところで、まだまだ現実味のない遠い先のことなので実感が湧かないからです。

ですから私は、困難や不安をいかに現在の楽しみに変換していくかを大切にしています。目の前にある楽しみ、ワクワク感、ドキドキ感が何よりも行動の原動力になるからです。

私は、司法試験受験生の時は、その日に専門書を読んだページ数をカレンダーにメモしていき、それを定期的に計算して、一日平均が上がり下がりするのを株価のように楽しんでいました。そうすると、例えば、「今日あと10ページ読めたら今月は一日平均40ページの大台に乗せられる！」といった具合に、今のモチベーションを高めてくれました。

弁護士として働き始めてからも、いつも手元の案件を空にするまで作業を前倒しで進めるようにしており、空き時間ができると専門書を読んでいました。そして、専門書の読み進められるページ数をカウントすることで、その週はどの程度余裕を持って作業を進めることができたかを計っていました。

この時も、漠然と、将来何かの分野で秀でた弁護士になりたいと思っていたところで、それをモチベーションにすることは難しかったのではないかと思います。

今はあまり弁護士業をしていないので法律の専門書は読みませんが、先々の夢や目標を現在の楽しみに変換しながら、日々楽しんで勉強しています。

「辛い」と「楽しい」は両立する

辛い状況に対しても、楽しくモチベーションを高めて維持していくことは、必ずできます。なぜなら、客観的に辛いと言えるような状況であっても、それに対して主観的にどのように感じるかは別の話だからです。そして、客観的な状況は変えられなくても、主観的な感覚であれば自分をコントロールできる余地が必ずあります。

私も弁護士になってから、特に新人の頃は客観的に辛いと思えるような状況がいくらでもありました。入所して初日に出されたリサーチ課題で、3日程かけて仕上げたのですが、当時、私を担当してくれていたパートナー弁護士からは「話にならないけど、おまえの評価は元からそんなもんだ」とまで言われてしまいました。

入所して1週間も経たずしてそこまで悪く言われるとは思っていませんでしたが、これがプロの世界だと思って逆にワクワクするなと思い込むようにしていました。

また、毎日深夜まで仕事をしているので、たまに日中の業務中に眠くなってしまい、どうしても20分だけでいいから横になりたいと思うことが度々ありました。しかし、新人なのでデスクで仮眠をとることも難しく、また長く外出することも難しかった時は、多目的トイレの個室で床に横になって少しだけ寝ることもありました。

そんな時も、それだけ追いつめられる環境にいるということが、これまでまともに仕事をしたことがなかった私には新鮮でした。例えば、プロ野球選手が寮の個室でこっそり素振りをしているという話を思い出したりして、ようやくプロの職業人になれて楽しいと思い込むようにしていました。

そして、最初は辛いと思う感情をごまかすつもりで、自分に楽しい楽しいと言い聞かせていましたが、次第に本当に楽しく感じるようになっていきました。むしろ、怒られる度に「こんなところまで突っ込んでくるんだ、この先輩はなんて自分の上をいっているんだ、凄い！」と感心と尊敬を深めていき、怒られることが楽しくなっていきました。

この時、客観的に辛い状況かどうかと、主観的にどう感じるかは切り離して成立するものので、辛いと楽しいは両立するのだということがわかりました。

こういう話をすると、単純にストイックだとか、マゾという属性で括ってしまって、自分には関係のない話だと考えてしまうこともあるかもしれませんが、人間の性質にはそんなに大きな違いはなく、日々の過ごし方、意識の持っていきかたによっていくらでも感情をコントロールすることができます。

失敗しても、経験は確実に蓄積される

自分の中から失敗の概念を消してしまうのも効果的です。

私は失敗や成功の定義をそもそも変えて考えるようにしています。私は、仕事の価値や対価の一つとして経験をとても大きな要素として考えていますが、そうすると何かに挑戦して失敗したとしても、経験だけは確実に得られるので、その挑戦からは十分な対価と成功が得られたと考えることができます。

こう考えてしまえば、もはや何も怖いものがなくなります。挑戦を続けていくと、自分の経済力や社会的地位については挑戦の結果によって上下しますし、もしかしたら破産してゼロになることもあるかもしれません。しかし、経験だけは必ず挑戦と共に増加していきます。減ることも落ちることも絶対にありません。

私の経歴で言えば、大学を卒業してから2年間フリーター生活をしていましたが、これも経験としてはとてもプラスになっています。

例えば、弁護士の中にはいわゆるエリート街道を歩んできて、自分が優れた人間であることを自覚して、エリート意識のようなものを日々深めていっている人も沢山います。そうすると、自分が失敗したり、恥をかいたり、人から馬鹿にされないように、予め常に立派な人間であるという姿を保とうとしてしまいがちです。

他方、私の場合は、自分が世の中で特別とも優秀とも思っていませんし、エリートではなく野良だと初めから思っているので、堅い枠にはまらずに物事を考えて価値観を広げ、失敗することに何の抵抗感もなく様々な挑戦をしていくことができています。むしろ、多少馬鹿にされている時の方が、自分として「そうそう、私って昔からずっと野良なんです。でもそのおかげで批判されるであろうことも気にせずに挑戦できています」と思えています。

そして、経験は自分に蓄積され、肩書や資格以上の価値として残っていきます。しかも、それは肩書や資格とは違って、自分だけが持っているものです。

私は港区南青山に「Ｓｉ」という名前のレストランを経営しており、２０１９年夏でオープンしてちょうど3年になります。自分で言うのもなんですが、店の内装はシックで落ち着きがあり、料理はシンプルながらも素材の味を最大限に引き出してヘルシーに仕上がっています。ただ、そもそも都内の飲食店は競争が極めて厳しかったり、飲食業ではしばしば店のクオリティよりも広告宣伝等の顧客開拓力が重要であるけどそれがうまくいっていなかったりと、やや苦戦してきました。

何とか赤字にはなっていませんでしたが、利益が出ているわけでもなく、ちょうど丸3年経ち、自分が店を利用する頻度もかなり落ちてきたので、近いうちに閉店させるつもりでいます。その場合には内装費や運転資金に使ってきた投資資金計2000万円の大半を失い、ビジネスとしては失敗したと言わざるを得ません。

しかし、実際に自分でレストランを経営するという経験を得ることができました。店をオープンしてからこれまで、店舗の場所や条件選び、内装、メニュー構成、広告方法等を実際に試して検討してきて、いろいろと新しい発見がありました。

中でも一番面白かったのはメニュー作成です。単にメニューを考えるだけなら、理論上のレシピを考えれば良いだけかもしれません。しかし、実際にお店で多くのお客様に安定して継続的に提供しようと思えば、仕入ルートは確保できるか、仕入の数量、品質は安定させられるか、天候による影響の大小はどうか、調理には再現性があるか、限られた時間に多数のお客様に提供できるオペレーションに対応できるか、原価が予算内に収まるか等、現実の課題がいくつも出てきます。こんなことは考えてみれば当たり前なのですが、ただ客として食事をしていた時には思いが至りませんでしたし、いざ自分でやってみるとこれがどれだけ難しいことかわかりました。また一度作成したメニューも定期的に変えていかなければなりませんが、その際は前回のメニューとの変化も考えつつ、先程のような課題を乗り越えつつ、実現可能なものを作っていく必要があります。

レストラン経営の現実的な難しさを実際に知れたことで、それまで以上にレストランで食事を提供してもらえることに感謝するようになりましたし、シェフやレストランオーナーへのリスペクトも高まり、食事がさらに楽しいものとなりました。またレストラン経営を通じて友達も増えたので、これも成功の一つの形だと思っています。

こう考えると、挑戦さえすれば、経験を得るという成功が必ず待っているわけで、逆に失敗が何かと言えば、挑戦しないことになります。ですから、これからもいろんなことに挑戦していきたいと思っています。

組織や資格、肩書に依存することが安定なのではない

新しいことにどんどん挑戦していこうとすると、組織からは独立した方が動きやすいことも増えてきます。そして組織からの独立を考えると、安定した地位を手放すことはリスクだと思いがちですが、組織に属していることが安定とは限りません。

確かに、会社員であれば、とりあえず会社に行きさえすれば安定して給料がもらえますし、自分で仕事を探さなくても一定の仕事が与えられるので、それを楽しむこともできます。私の場合も、勤めていた法律事務所を退所する際には、せっかく安定した事務所に所属しているのにもったいないないと言われたこともありました。

しかし、よく考えてみると、組織の中で組織に従属している限りは安定しているような気がしますが、社会から見た自分個人としては何も安定はしていません。

例えば、組織にいて仕事をしても、その評価は全て自分に帰属するものではなく、組織

を通した評価になりがちです。そのため市場から自分への評価は何も安定しません。もし組織が市場からの評価を受けられなくなれば、同時に個人も評価されなくなります。他方、独立していて市場から直接評価されていれば、他者に関係なく自分さえきちんと仕事をしていれば安定した評価を得ることができます。

また組織にいると、組織との従属関係を前提としますし、自分ではコントロールできない組織内の環境によって、自分の労働環境は大きく左右されます。例えば、新しい上司が自分と相性が悪いというだけで、一気に働きづらくなるのが現実ですが、このようなコントロールできない要素が自分の毎日の楽しみに影響してしまうなんて、全くもって安定しているとは言えません。

さらに、自分の仕事を自分一人で決めることもできず、いつも組織内での賛成が必要になってきて、本当にしたいことに安定的に挑戦できません。

また、経済面についてですが、どちらにしてもお金によって将来の不安を解消することはできません。お金がなくなるかもしれないことによる不安は受け入れていくしかありません。それよりは、知識、経験、人柄、人脈を磨き、今も将来も、どんな時でも楽しく過ごしていける自分になることが大切なのだと思います。

もちろん、誰にとっても組織から独立をすべきということではありません。組織をうまく活用して活動の幅を広げられることもあります。ただ、組織と独立するにしろ共存するにしろ、人間の寿命が延びて組織よりも長く生きるようになった以上、特定の組織ありきの人生設計をすべきではなく、少なくとも、組織から精神的に、経済的に独立し、常に組織の存在とは別に自分を成立させておく必要があるのだろうと思います。

これは、資格や肩書についても全く同じです。弁護士という資格に依存して生きていると、市場はその人のことを約4万人もいる弁護士のうちの一人としてしか見てくれません。もし技術が進んで弁護士の仕事が急激に減っていけば、それだけで途端に弁護士という資格に依存している人は存在価値が急落してしまいます。

そうではなく、自分だからこそできること、自分だからこそ市場から特に評価してもらえるように意識して活動していこうと思います。

大志よりも一日一日の積み重ねが大切

ここまで、いろいろと不安を解消して新しいことに挑戦していくための心構えついてお話ししてきましたが、一旦不安をかき消し、挑戦への心理的ハードルを下げることができた時は、必ず、実際に目の前のことに向き合って取り組み、実践することが大切です。

パナソニック創業者の松下幸之助さんも、未来の大きな大志を抱くことは大切だが、何よりも一日一日の積み重ねが一番大切です、と言っています。

私が大学生の時、自己啓発書を読むのが好きで、いろんな成功者の本を読み漁っていました。しかし、まさにこの頃は自己啓発書を読んだだけで何かを達成した気になり、そこに出てくる成功者の言葉だけを自分の言葉のように言い回っていました。過去の私のように、何も実現していないのに気持ちだけ満足した気になり、自尊心が高まり、余計に挑戦しなくなってしまっては元も子もありません。

ですから、目の前の不安が一瞬晴れたら、そこで満足して立ち止まるのではなく、必ず一歩前に進んでみる、必ず何かに挑戦してみる、実践してみるということを、セットで意識していきたいです。

努力、モチベーション、楽しさは相乗効果で循環する

最も自分のモチベーションを高めてくれるのは、過去の努力です。過去にこれだけ努力してきたという思いが、きっとなんとかなるはず、これで終わらせてしまうわけにはいかないというモチベーションに繋がり、さらに、努力をして突き詰めることで楽しさも見えてきます。そして過去にこれだけやってきたのだという思いは気迫と自信を生み、必ず仕事への熱中度を上げ、クライアント等への説得力を高めてくれ、成果も出やすくなります。

もっとも、モチベーションや楽しさがなければ努力も続かないので、ニワトリと卵の関係ではあります。少し努力をすれば少しモチベーションや楽しさが上がり、少しモチベーションや楽しさが上がれば、少し努力ができるようになり、成功が少しずつ積み重なる。こ

れが繰り返されて積もっていきます。

ですから、いきなり楽しいとは思えない、高いモチベーションを持てない、継続的な努力ができないというのは当たり前で、初めからそこに到達しようと思う必要はありません。

私の場合は、いきなり100%の努力をずっと継続できる力も習慣もなかったので、60~80%の努力を継続していくことを意識していました。それでも継続することでモチベーションに大きな波なく、楽しさも安定して感じられていました。それが、また安定した努力をさせる原動力になってくれます。

現時点でできる努力の程度は人それぞれだと思いますが、まずは少しだけ努力してみる、そして少しだけモチベーションが高まる、すると少し楽しさを感じる、というところから始めて継続していくと、それぞれが相乗効果で循環して雪だるま式に膨らんでいきます。

普通のことを積み上げるだけで、十分な価値がある

仕事となると、自分は特別なことをしているのだと思いたくなることがあります。特に弁護士は社会正義という大義を背負っているという思いがある分、自分はとりたてて崇高な仕事をしているのだと思ってしまい、またそう見せたくもなります。

しかし、人間の中身に大きな違いはありませんから、弁護士だろうと他の職業だろうと、崇高な使命感を持つことはさておき、自分の仕事や自分そのものが特別な存在であると思う必要は全くありません。

むしろ、普通の当たり前のことを淡々と積み上げていくだけでも、十分な価値があります。

私は、日本一稼ぐ程に大量の案件をフルスピードでこなしていましたが、それらが特別な専門知識や経験が必要な業務であったかと言えばそうではありません。だから簡単にこ

なせるとか、気軽に扱えるというわけではありませんが、知識としては決算書を読める程度の会計知識がある弁護士であれば全員ができるような業務です。

また、私はたまたま機会がなくて扱ったことがないので実態はわかりませんが、過払金請求の業務は、弁護士であれば本当に誰にでもできて、かなり高い確率で勝つことができる簡単な案件だと言われています。

過払金請求とは、消費者金融が違法な高利率で貸し付けをしていた場合に、借り入れしていた人が余分に利息を払い過ぎていたとして後から返還請求をする案件です。そして、弁護士によっては、過払金請求の業務をメインにしている弁護士のことを見下している人さえいます。自分こそはもっと高度で崇高な仕事をしているのだ、誰でもできる業務ばかりしている人はお金を稼ぎたいだけだ、という思いがあるのかもしれません。

しかし、誰にでもできる業務こそ、社会では絶対に満たされるべきベーシックなニーズがあるわけです。そもそも弁護士の業務の大半は、法律や判例に従って、世の中にある権利や義務の分配や調整をしているだけです。例えばAさんとBさんでお金を取りあう場合に、どちらが勝っても二人のお金の総額は変わっておらず、分配が変わるだけという意味です。

それなら、絶対に勝てる案件こそ、法的には絶対に従わなければならない状況がそこに存在していて、それこそ絶対に正されるべき社会正義を実現しているといえるわけです。しかも、誰かがそういった業務に取り組んでいるというのは、その人が扱うまでは他の人が手を差し伸べずに取り残されていたことをも意味しています。

つまり、絶対に勝てる簡単な案件をやっている弁護士は、絶対に正されるべき社会正義が存在しているのに他の誰もやっていない中、取り組んでいると言えるわけです。しかも、そういった業務をメインにして集中的に扱っているのであれば、それだけ1件当たりの業務コストが下がり、より少ない負担でそういった人達を救うことも可能になります。

逆に、極めて特殊で専門的で、勝つか負けるかわからない案件の方が、社会的には絶対に正されるべき正義がそこにあるとは言えないのかもしれません。

これは、メーカーが市場や消費者のニーズを考えずに、職人気質でニーズとかけ離れた高い技術を搭載した製品を製造したものの、そんなものを求めている人はほとんどいないので大して売れないという話と似ているかもしれません。

さらにこれは弁護士業界に限った話ではありませんが、人によっては、必要以上に完璧かつ崇高であるように振る舞うための演出コストをかけ過ぎていると感じることがあります。崇高な職業人としての理想像や、そういう立派といわれる職業に就く人の属性がエリート意識のある人が多いからなのか、小さなミスも許さず完璧な姿を維持しなければいけないと思い過ぎているのではないかと思うことがあります。

これはもちろん、手を抜くべきとか、あるべきレベルを下げた仕事をすべきということではありません。ただ、全ての業務にはコストが発生し、それはクライアントへの報酬増加であったり、社会にサービスが行き届かずに救われないままの人を残してしまったりという形で、社会が負担することになってしまいます。

少し話が逸れますが、これは、日本における職業人への評価の仕方に問題があるのかもしれません。人間はそもそも仙人でも神様でもなく完璧ではないことを前提に、仕事について精一杯完璧にこなそうとしているかどうかで評価すべきなのに、人は完璧な人間でいられることを前提に、活動内容の実態を全く見ずに、形式や外形だけでその人の仕事ぶりを評価してしまうということです。

例えば国会議員が不倫をしていたとしても、それが当事者間で不法行為であることはさておき、政治活動を行う意思と能力があれば政治家としては職務を全うできるわけです。それなのに、仕事の内容に関係なく、外面を良くしていないと批判してしまうようでは、逆に外面だけが良い人が残ってしまいます。

私は、特別な人間ではなく、能力も人脈も人柄も平凡です。いや、平凡にすらなったことはありません。ずっと平均点以下を取り続けてきました。

だからこそ、特別な演出はせず、時として外形的に未熟であることを批判されるかもしれませんが、それでもできる普通の仕事をひたむきに積み上げていきたいと思っています。そして、それでいて十分な社会正義を実現できていることに、誇りを持って堂々と取り組んでいきます。

誰でもできることを誰よりもやる

一見、成功する人は、何か一般人にはない特別な能力、才能、アイデア、人脈等があったのではないかと思いそうになります。自分とは全く違う何か特別な存在であって、自分がそういった成功者になれることは決してないのだ、と。

私がフリーターだった時は、弁護士に会ったことすらありませんでしたが、きっと弁護士になる人とはそういう特別な人達だと思い込んでいました。それだけ、自分には実感の湧かない遠い存在だったからです。しかし、多くの成功者は、「成功の秘訣は誰にでもできることを誰よりもやることだ」と言っています。

これらが本当かどうかはわかりませんが、少なくとも私は特別な能力や人脈を持ち合わせていないので、誰にでもできることを誰よりもやる以外に選択肢がないのでそうしようと意識しています。すると、本当に少しずつできることが広がっていきます。

いきなり大きな成功をするイメージは持てませんが、今日を一生懸命頑張れば明日にはほんの少しだけ成長できているかなぐらいの想像はつきます。ですから、とりあえず今日を一生懸命頑張ってみる。すると、明日が来て、またその日を一生懸命頑張るということを繰り返していくと、いつの間にか思いもよらなかったところまで進めているものです。

私は、司法試験の勉強を始めた時点では、漫画ですら活字の多い本は読まないくらい読書の習慣がありませんでした。ですから、法科大学院に入学して1年目の時は一日で30ページしか専門書を読めませんでした。しかも、まるで内容を理解できず、何度も同じ箇所を読み返していました。それでも、本が難しいのではなくて、私の理解力、読解力がないだけだと思って、同じ本を何度も繰り返して読むようにしていたところ、3、4回目くらいから少しずつ内容が理解できるようになっていきました。こうやって一日一日を積み重ねていくと、2年目になる頃には1回目からでも少しは意味がわかるようになってきて、3年目の頃には1回目でも十分理解できるようになり、本を読み進めるペースも上がりました。

この積み重ねの結果、最終的には、司法試験でも悪くはない成績で合格することができました。司法試験に合格したこと以上に、24歳まで漫画ですら活字の多い本は読めなかった私が、分厚い法律の専門書を通読できる読書力、読解力が身に付いたことに驚きと成長を感じることができました。

不公平を受け入れる

人間には、必ず生まれ持ったものや環境において、不公平が存在します。自分だけが損していることもあれば、自分だけが得していることもあります。ただし、いずれにしても自分では変えられないものを恨むのではなく、不公平を受け入れて、自分でコントロールできることに集中していくしかありません。

私は、身体的に世の中は不公平だと感じることがありました。まず私の出生時ですが、早産のため1900gに満たない未熟児で生まれ、幼少期の時は体が小さく、常にクラスで一番背が低い男の子でした。そのせいか、性格も臆病で根暗で、全く存在感がありませんでした。身体面では、さらに高校生の時に、今では難病にも指定されているIgA腎症という慢性腎炎に罹患し、10年以上悩まされていました。周りの人に病気に気付かれるのが嫌で、長い間、こそこそと毎食後に薬を飲まなければいけませんでした。隠れて薬を飲む度に、自分は生まれながらに劣っている人間なのだと感じることもありました。

また、幸い病気については、法科大学院在籍時に手術をして根本治療に成功しましたが、術後の投薬治療の副作用で、1年程度、二日に一度は家で寝たきりの生活を余儀なくされました。この間、自分だけ他の学生の半分しか勉強時間が確保できませんでした。

また、家庭環境にも不公平だと感じることがありました。私が中学生の頃から23歳で父親が亡くなるまでの10年くらいの間、父親は心療内科に通う程には精神的に不安定でアップダウンの激しい状態が続き、いつも私のことを様々な形で圧迫していました。もちろん暴力を振るわれたこともあり、例えば中学一年生の時にテレビゲームをしていただけでいきなり激怒し、ゲーム機本体を足で踏み潰して叩き割った後、テレビに繋がっているゲームのコードを引き抜いた上で、それを鞭にして何十回も打たれたこともあります。

私の体が大きくなってきて、身体的には圧迫しにくくなってきてからは、精神的な圧迫が増していきました。私には個室が与えられていましたが、常に父親から監視されている状態で、その部屋にいる時、毎晩父親は足音を一切立てずに私の部屋の前に近づいてきて、何の合図もなくいきなりドアを思いっきり開けて部屋に入ってきては暴言を吐いて出ていくという行動をしていました。何年間もの間、一日も欠かさずされていたので、私は毎日自宅では、父親が寝静まるまでの間はいつも緊張しつつ物音を立てずに、いつ父親が私の部屋に近づいてくるのか耳を澄まして聴いていました。父親が亡くなってからもさらに10年程は、何もしていない平常時でも緊張状態が抜けなかったくらいです。

私が大学に進学して一人暮らしを始めてからは、毎日のように父親からモラルハラスメントなメールが送られてきました。母親や兄弟を含めて家族全員宛に一斉送信する形で、いかに私が家庭内で、あるいは社会で劣った人間であるかということが綴られていました。しかも、それをきちんと読んで返信をしないとさらに怒られるという状況でした。

他にも、性的なハラスメントとして、父親の寝室に呼び出されて、「これを一緒に観ようや」と父親と一緒にアダルトビデオを観させられたこともあります。母親もこのような父親の行動を黙認し、むしろ父親に加勢するかのように「お父さんの言うことを聞きなさい」といつも言っていました。そのため、私はかなり早い段階から、両親には何も期待することはなくなっていきました。家庭内ではほとんど家族間の会話もなく、私も多少の非行に走り、高校生の時には1ヵ月もの間自宅に帰らずに捜索されたこともあります。

不良ぶるつもりはないですが、家の中でも壁を殴って穴を開けたり、学校でも先生とはよく喧嘩をしました。特に仲の悪かった先生に対しては、授業に一切出ずに定期試験で解答用紙に大きく「Ｆｕｃｋ ｙｏｕ」とだけ書いて提出するなど、自分を見失っていました。

今でこそ少しは世の中のことを知り、もっと大変な思いをしている人はいくらでもいて、その中で一人一人が精一杯頑張っているのだなと思えていますし、両親には法科大学院にまで通わせてくれたことには感謝しています。ただ当時は、同級生の中でも私の父親が異常であることは広く知られている程で、どうしてこんなに人生は不公平なのだと思うことがありました。発射台の高さに差があるなんて、最初からジャンプする気力が失せてしまうじゃないかと思ってしまうこともありました。

さらに、東京に出てきて、大企業の御曹司や政治家やタレントの子供達とも友達になる機会があると、私が、田舎出身で、父親は高卒で定年時でも月収30万円程度で何のコネももたないサラリーマンだったことと比較して、なんて生まれ育った環境に差があるのだろうと思ってしまうこともあります。でも、彼らは彼らで、自分の努力をきちんと評価してもらえないといった悔しさとか、私が経験していない苦労があるはずです。

誰しも、自分ではコントロールできない不公平を背負って頑張っているわけです。でも、そういった不公平を特別に経験することができたというメリットもあります。

例えば私の場合は、自分が身体的にハンディを背負っているという思いがあったからこそ、自然と健康に気を付ける習慣が身に付き、実際に健康を保てています。さらには、人より体を鍛えなければならないという思いがあったからこそ、今ではエベレスト登頂を果たす程に体を作り続けることができています。

また、家族からの賛同を期待せずに育ったため、家庭を超えて世間との関係でも、自分の価値観やマイルールを徹底的に大切にできるようになりました。そのおかげで、今でも他人からの評価に無関心で、本当に自分が楽しいと思えることにばかり挑戦できています。またもし将来子供に恵まれた場合、両親を反面教師として、子供を一人の独立した人間として人格を認めてリスペクトし、本人の価値観を尊重することを大切にできると思います。

こういった話をすると、特に空気を読むことを大切にしようとしがちな日本では、すぐにサイコパスだと流行り言葉を喜んで使う人もいますが、いきなり攻撃されない限り自ら他人を攻撃することはないですし、他人からの評価は期待しないものの、自分から他人のために何か貢献することは好きです。何よりも、いつも自分の価値観を基準に人生を歩んでいこうと思えていて、実際にそれを実践できているので、それはただ自分がコントロールできることだけに注力しているというだけの話なのだと思っています。

今後も、いろんな不公平を受け入れて、自分がコントロールできることに一生懸命取り組んでいきます。

コラム❶

「法律事務所」と「所属弁護士」

あくまで一般論ですが、法律事務所は、主に企業法務を扱う事務所と、交通事故、離婚事件等の一般民事事件を主に扱う事務所に大きく分かれます。所属する弁護士の労働実態は、2種類の事務所ではそれぞれ大きく異なっています。

企業法務系の事務所は、一つの案件に大量の弁護士が携わることがあるため所属人数が多く、大手事務所になりがちです。所属弁護士は経歴優秀なエリートが多く、初年度に事務所からもらえる給料は中規模事務所で400〜800万円程度、大規模事務所だと800〜1500万円程度、その代わりアソシエイトの間は2000〜2500万円程度で頭打ちするのが大半です。労働時間は長く、月300時間は普通で、月400時間を超すこともありますが、基本的に残業代や有給休暇の概念はありません。パートナーとアソシエイトの階層が比較的はっきり分かれていて、事務所ごとにある程度目安が設けられており、7〜12年程度の年次までに事務所内で定められた高い条件を満たしてパートナーに昇格できないアソシエイトは事実上事務所を出ていくことになります。アソシエイトは事務所事件が多忙で、個人事件をする余裕がなかったり、そもそも個人事件が禁止されていたりと、いざ大手事務所を退所することになると、大人数で取り組む業務しか経験がないことや、自分自身のクライアントを抱えていないことから、独立するには経営に不安を覚えるケースもあります。ただし、事務所に所属している間は毎日のように新聞の一面を飾るような事件に携わる機会も多く、またパートナーに昇格できると、多数ではないものの、歩合収入次第で年収1億円を超えることもあります。

他方、一般民事系の事件を主に扱う事務所では、所属弁護士には経歴よりも人柄が重視される傾向にあります。初年度に事務所からもらえる給料は700万円くらいが上限で、平均的には400〜600万円程度、事務所に所属させてもらえるだけで1円も給料が保証されていないケースもあります。労働時間は、企業法務系の事務所に比べると緩やかで、深夜や土日もフルで

働いているような事務所は少なく、ワークライフバランスに配慮されていま
す。パートナーとアソシエイトの階層が厳格でないことも多く、所属弁護士
全員で等しく売上や経費を共有したり、全員で同じ財布を使いつつ、実績や
ポジションに応じて分配率を変えたりしているような事務所もあります。ア
ソシエイトの個人事件は自由であることが多く、一般民事系の事務所で修業
した方が将来的には独立しやすいと言われています。

また、大手事務所のアソシエイトは比較的早い段階で給料が頭打ちするの
で、5~8年目くらいには給料が逆転することも少なくありません。ただし、
企業法務系の事務所に比べて案件の売上単価が低い傾向にあり、パートナー
になっても年収は2000~5000万円程度が大半で、1億円を超えるよ
うな弁護士は極めて稀です。

Chapter 2

日本一稼ぐ弁護士の「仕事」のやり方

Chapter2では、実際に日々仕事に取り組んでいく際に、私が工夫していることや意識していることについて、具体的にお話ししていきます。Chapter1で話をした仕事に対する考え方を、いかに日常の業務に落とし込むかを大切にしています。特に重要な点は、できる限り意識や行動パターンを習慣化することです。日々実践して習慣になり、それが当たり前となると、大変なことではなくなります。習慣にできた、ということは、性格が変わったのと同じことなのです。

また、Chapter1との繋がりに関係なく、私が日々の業務で実践していることの中で、役に立つかもしれないと思う仕事のやり方についても合わせてお話しします。

「できる、できない」ではなく、「する、しない」を考える

何か新しいことを始めようとする時に、成功「できる」か「できない」かを考えてしまうことがあります。その結果、成功できないかも、失敗するかもという不安を覚えると挑戦に消極的になってしまいます。

しかし、成功「できる」か「できない」かは、いろんな偶発的な要素が加わった結果論であり、自分でコントロールできないことも多いです。１００％成功「できる」と確信して、不安をゼロにした上で挑戦することなど有り得ません。

もし、事前に検討に検討を重ねて、仮に不安がゼロに近くなるまで検討できたとしたら、その時はきっともう遅すぎて市場では必要とされていない状況になっているはずです。

他方、挑戦「する」か「しない」かは、１００％自分の意志でコントロールできます。

そうであれば、成功「できる」か「できない」かを考え過ぎて失敗を恐れたり、時機を逃

したりしてしまうよりは、ある程度成功の目途があれば、あとは自分でコントロールできる、挑戦「する」を選択して進んでいくしかありません。

そして、多くの人が成功しないのは、「成功できなかった」からではなくて、「挑戦しなかった」からです。しかし、挑戦すらできないことなんて滅多にありません。

私が弁護士5年目で独立した時、それまで1年以上かけて準備してきた知識、人脈を活用し始めて、一気に大量の依頼を受けて、毎日フルスピードで仕事をするようになっていました。独立してから数ヵ月後には寝ている時間以外はひたすら仕事をし続ける状態になり、取扱案件数は数百件に達し、ピークの月収は2億円を超す程でした。世の中にある他の事業からすれば大した規模ではありませんが、当時、独立1、2年目で、自分で全てに責任を持ってやり切りたいという思いから、事務員も雇わず、他の弁護士にもお願いせずに、コピーや電話取次等の事務作業も含めて、全ての業務をたった一人でこなしていた割には上出来だったはずです。

そんな中、独立して3年目くらいから、私と全く同じ業務を他の弁護士に伝授して、複数人で仕事に取り掛かれば、もっと多くの人を救うことができると思うようになりました。その分、私の収入は減りますが、それ以上に一日でも早く助かってもらいたい人が沢山いたからです。

そこで、友人弁護士のうち、そろそろ独立を考えていたり、現状に不満があったりしそうな何人かに声をかけ、私がすでに行ってきた業務で得た知識、経験、情報、資料を全て無償で渡すから、同じ取り組みをしてみないかと打診してみました。

しかし、ほとんどの弁護士は、多少の不満があっても現状を変えること自体を不安に思ったり、私が一定の実績を残せていたとしても、自分が同じようにできるとは限らないと思ったりと消極的でした。

結局、「とりあえずやってみるか」と私に賛同したのは一人だけでした。彼は当時日本では四大法律事務所と言われる大手の事務所を辞めて独立しましたが、彼には私が持っている全てのノウハウや情報を渡しました。すると、独立1年目から大量の案件を抱え、初年度から年収2億円に達する程に活躍していました。

もちろん、結果論もありますが、成功「できる」か「できないか」を意識し過ぎて挑戦を躊躇せず、とりあえず挑戦「する」を選択してこそ、成功にたどり着けます。

「やりたい」という願望ではなく実際に「やる」まで具体的に進める

何かをしようという話になった時、「やりたい」、「できればしたい」という願望だけで終わらないようにしています。

願望を言うだけであれば誰でもいくらでも言えてしまいますし、願望を何万回唱えたところで一歩も前には進みません。本当にやりたいと思うからには、少なくとも一歩目の「やる」までは必ずすぐに進めてしまうようにしています。

旅行で例えると、何人かで一緒に沖縄に行きたいという話が出たとして、「行きたいね」、「行ければいいね」という願望だけの話をするのであれば何も意味がありません。私はその場でいつ行くかを決め、フライトをおさえるまでは進めてしまいます。逆に、即断即決できないのであれば、本当に「行く」つもりはないのだろうから、私一人で予定を立ててしまいます。私は他の人に関係なく「行きたい」と判断しますし、実際に「行く」からです。

願望として「やりたい」と唱えているだけだと、楽しさを生々しく感じられないので、ますますやらずに終わってしまいます。逆に、一歩目の「やる」まで進めてしまうと、具体的な現実の楽しさを感じられるので、さらに先に進んでいけます。

また私は、今できることを、簡単に「明日やる」、「来週やる」と先延ばししないようにしています。「明日やる」を7回言えば来週になってしまいます。「来週やる」を4回言えば来月になってしまいます。今すぐできることなのに先送りして今すぐしないのは、明日だろうと来週だろうと結局、「いつかやりたい」という程度の願望に過ぎません。

仮に本当にどうやっても今すぐ進められない場合には、近い日程で、いついつまでに何を決めます、という確定した具体的な期限を自分で設定します。

このように、仕事かプライベートかに関係なく、今、確定的な決断をして一歩目の「やる」を踏み出す習慣をつけていくと、実践力が高まっていきます。

成功の具体的なイメージを描く

成功の具体的なイメージを描いていると、何かに挑戦する時に、成功するという結論を先に持ってきやすくなります。

私は、司法試験の受験生時代、必ず成功すると思い込むために、頻繁にかなり具体的に成功するイメージトレーニングをしていました。

例えば、司法試験の最中、とても難しい問題を時間ぎりぎりまで考え、ずっと分からなかった問題が試験終了の30分前に閃いて、最後に一気に追い込みをかけて上出来の答案を完成させていくハラハラものの達成感。凄く良い順位の合格通知を受け取り、みんなに見せびらかしたいけれど、嫌みになるし不合格だった人への配慮も必要なので、後輩の自習室にこっそり合格通知を落として誰かに発見されて噂になるのを楽しむ陰湿なワクワク感。合格後に先輩に連れて行ってもらったキャバクラで女の子に青田買いよろしく営業トークながらも持ち上げられておちゃらけるチヤホヤ感など。

成功イメージとは少し違いますが、弁護士になってからだと、例えば、長時間仕事に集中して深夜に帰宅する時は、今日は丸の内でも上位10人に入るくらい良い仕事ができたのではないかと自尊してみたり、１００人を前に講演会を開いて大盛況だった時には弁護士業界の伝説を作っていると思い上がってみたり、さらには天気が良いだけで天と両想いだ、くらいのことを考えて自惚れるようにしていました。

こんなしょうもないイメージや思い込みでも構わないので、何か自分をワクワク、ドキドキさせるようなイメージを何度も具体的に頭に描いてみると、本当に必ず成功するのだと思い込めるようになります。

実際、私は司法試験の本番1週間前ですら、全国で一番をとってしまう夢を見て、胸がときめいて目覚めていました。なんともナルシストな話ですが、自己暗示とはこういうものだと思います。もちろん、他人からも同じ評価を期待することは全く別の話で、あくまでも自己評価を高めて自分を前に進ませるためのイメージトレーニングです。

本来の締切期限を考えず、今を起点に作業を開始する

仕事のスピードを上げるのに一番大切なことは、全ての新しいタスクについて、今を起点に作業を開始するということです。

例えば、ある業務について、指定されている締切期限が10日後で、その業務には3日程度要するという場合に、期限を意識して期限の5日前くらいから始めれば余裕をもって終われるなといった具合に計画するのではなくて、今を起点に、今から3日以内に終わらせようと考えることが大切です。

なぜなら、締切期限までに終わらせればいいと考えていると、期限が迫るまでは業務に取り組む意識が薄くなっているので、いくら時間に余裕があっても業務に熱中しにくくなってしまうからです。その割に、いざ締切期限直前になって作業をしようとすると、想定外の予定ができたりして、十分な時間を確保できなくなるといったことは誰もが経験した

ことがあると思います。

ですから、締切期限に関係なく、業務が発生した今を起点に少しでも早く業務を終わらせようと考えることで、作業意識を前倒しすることが大切です。

また、実際に少しでも早く作業を開始して、少しでも早く成果物を上司やクライアントに上申すると、上司やクライアント側も作業時間を長く確保できるようになって喜ばれますし、もし成果物が不出来だった場合にも修正の時間を確保することができ、仕事の質も維持しやすくなります。

さらに、いつも早く業務を終わらせていると、この人に必要な作業時間は短くても大丈夫なのだと認識してもらえて、納期の短い業務も振ってもらえるようになります。


これは、私が大学院生の時に意識するようになったことです。私が通っていた関西大学法科大学院では、3年間で100回以上もレポート課題が出されました。そして、いつもレポート課題にはかなり長めの締切期限が設けられており、例えば、半日でできる作業量であっても、1、2ヵ月後の締切日が設定されていました。

多くの人は、締切日の数日前から作業に取り掛かってレポートを完成させていましたが、私は、レポート課題が出された週の週末が明けるまでには必ず終わらせるようにしていました。

レポートの提出方法として、最初にレポートを提出しに来た学生が、事務室にお願いして各レポートの提出箱を用意してもらう運用になっていました。私は、大学院在籍時に出されたレポート課題の全てについて、1回も漏れなく、一番早くレポートを作成し終えて、提出箱を用意してもらいました。

常にレポート課題が出された翌週にはそのレポートの提出箱が用意されていて、私のレポートだけが中に入っている状態です。しかも、提出期限はその1ヵ月後だったり2ヵ月後だったりするので、私のレポートだけが提出箱に入っている状態が長く続くことが大半でした。

すると、学生の中にはこのことに気が付く人が出てきて、私のことを、いつも凄く早くレポートを仕上げている人として記憶してくれるようになりました。

これは所詮、大学院内での話ですから、取るに足らないことかもしれませんが、こういったスピーディーな姿勢を貫いていると、周囲からもスピード感のある人だと評価してもらえるというお得もあります。

もちろん、締切期限の直前にドタバタとレポートを仕上げるのと比べて、余裕を持ってレポートを仕上げる方が中身のクオリティを上げやすいことは言うまでもありません。

これは人生においても同じです。いつか試そう、いつか挑戦しようと思っていたら、絶対に真剣に取り組むことはできません。

今を起点に挑戦すれば、今、この現在に熱中してやる気を持って楽しく取り組むことができるようになります。そうすれば、絶対に成功できます。

ゆっくり考えて1つを試すより、スピーディーに3つ試す

何かの課題に対して、複数の選択肢から特定の選択を迫られる状況に直面すると、ゆっくり考えて1つのことを試そうとしてしまうことがあります。しかし私はむしろ初期診断で一旦1つに決めて試してみて、ダメなら次を試し、ダメならさらに次を試すという風に、スピーディーに複数の選択肢をどんどんと検証してしまいます。

なぜなら、逆にゆっくり考えてみたところで、一番適切で効率良い選択肢が見つかり、無駄な労力をかけなくても良くなるなんてことは有り得ないからです。結局は試してみないとその選択肢が適切かどうかわかりませんし、実際に動いている中でこそ、前提となる事実関係も固まっていき、選択肢の見極め方や修正方向が見えてくるからです。しかも、さらに運がよければ、複数の選択肢がいずれも正解になることもあるので、スピーディーに複数の選択肢を試していくようにしています。

私が法律事務所に入所した時、得意分野を1つは見つけていくようにとよく言われていました。同期の弁護士は、どの分野が自分に合っているのかをいろいろと考えて、先輩に聞いたり、たまたま振られた仕事をこなしたりする中で、2、3年かけて少しずつ得意分野と言えるようなものを見つけていこうとしていました。

私の場合は、どの分野が自分にとって向いているか、どの分野が今後の市場でニーズがあるかなんて試してみないとわからないと思いました。ですから、何となく興味があり、たまたまパートナー弁護士が得意分野としていた、倒産法、M&A、租税法の分野を、入所して間もない頃から勉強し始め、どんどん専門書を読んでいったり、それらの事件に積極的に参加させてもらったりして学んでいきました。

すると、同期が得意分野をどうしていこうかとあれこれ悩んでいる間に、すでに何冊も専門書が読めてしまったり、それらの分野の仕事を何件も経験できたりして、身をもって、本当に自分に合ったものは何なのかを感じられるようになっていきました。そして、結局は、倒産法、M&A、租税法のどれもが得意になりました。これは積極的に動いた結果であって、消極的に機会を待っていては、最低限の成果しか得られません。

これはマクドナルドの藤田田さんがよく言っています。物事は60%成功すると思えば試すべきであり、朝令暮改になったとしても、やらないよりはずっとマシだ、と。

どんどん試していくと、当然失敗も増えていきます。しかし一度失敗すれば2回目の挑戦をすればいいだけです。2回目の挑戦であれば、1回目の失敗の経験を活かして、より成功確率を上げて挑戦することができるはずです。スピーディーに挑戦していれば、ゆっくり考えて行動して1回目の挑戦をようやくしている人と同じタイミングで、2回目として挑戦することさえできます。

複数の選択肢がある場合に、悩んで時間を費やすくらいなら、実際に試す時間に充ててしまうことで前に進めることがあります。

タスクを携帯アラームに登録し、空になるまで働く

仕事を効率良く、スピーディーにこなしていくためには、常に時間の箱の中に入った、仕事やタスクのゴムボールの数を減らし、できればいつも箱を空にしておくことがとても大切です。

私は、箱の中にどんなゴムボールが入っているかを常に一元的に把握するために、携帯電話のスケジュールアラームに未処理タスクを登録し、毎日一定時間に鳴らして記憶喚起をしています。新しいタスクが発生する度にスケジュールアラームに追加していくことで漏れがなくなりますし、また定期的にアラームで思い出せることから、未処理タスクをついつい放置することを防いでいます。

その上で、未処理タスクがなくなるまでは、深夜でも土日でも、いつもより多く作業時間を確保するようにしています。

いつかは同じ作業をしなければならないわけですが、タスクを一元管理して漏れなく、早め早めに作業をしていくと、自ずと時間に余裕が出てきますし、仕事の質も上がっていきます。

また、手元を空にしておくと、いつでも大きな案件を引き受けることができ、チャンスも広がっていきます。

同じように、タスクではなくても、何か事業アイデアや取り組んでみたいことを思いついた時は、いつもスケジュールアラームにメモを入れていくようにしています。そして、定期的にアラームによりそのメモを思い出し、改めて少しだけアイデアを練ったりしています。

このように携帯のスケジュールアラームは、日々のタスクや考えるべきことを一元化するのに役立ちます。

これ以上働けないと思ってから、さらに30分だけ働く

弁護士として法律事務所に勤めていた2年間と、独立してからの2年間は、本当に寝る間を惜しんで働く毎日でした。毎日、もうこれ以上は頭が働かないと思う瞬間がやってきますが、私はそこからさらに30分だけ働くようにしていました。

また、遅くまで友達やクライアントと会食の予定があり、深夜に帰宅したような時も、そのまま寝てしまうのではなく、30分だけでいいから働いたり、勉強したりしてから寝ていました。特にシャワーに入った後であれば、どれだけ疲れていても少しは目が覚めて、30分ぐらいであれば頭を働かせることができます。

もう働けないと思う状況でもさらに30分でいいから働くということは、本来ゼロであるはずの時間帯にも仕事を積み上げることができ、とてもお得に感じます。

これは司法試験受験生の時に感じたことです。みんなで飲み会をして帰宅した時、他の受験生はそのまま寝ている人がほとんどという状況です。しかし、ここで30分だけでいい

から勉強すれば、それはそのまま他の受験生との差になるからとてもお得だと。

このように自分だけしか働けない時間をお得時間と考えて有効活用しています。

スピードを上げて上司の仕事を奪う

スピードをどんどん上げていくと、次第に上司がついてこられなくなることがあります。

私の当時の法律事務所は、おそらく一般企業等と同じように、ちょっとしたピラミッド構造になっていました。

例えば、5人の若手弁護士の仕事を、2人の先輩弁護士が持ち回りでチェックして修正し、最後に1人のパートナー弁護士が完成の承認をするというような流れをたどることがよくありました。

私は、日頃から積極的に多くの案件に参加して自分の業務量を増やしていきながら、さらにスピードを上げてテンポ良く成果物を作成して先輩やパートナーにチェックや決済の上申をぽんぽんと挙げていきました。

そうすると、私よりも携わる案件数の多い先輩やパートナーは、次第に私が上申するスピードについてこられなくなり、チェックが甘くなっていき、次第には丸ごと任される領域が増えていきました。

このように、自分の仕事の裁量の幅が小さい、もっと裁量が欲しいと思う時は、仕事のスピードを上げていくと、上司の仕事を侵食して、自分の仕事の裁量の幅を広げられることがあります。

ファーストドラフト感のある仕事をしない

「ファーストドラフト感のある仕事をするな」というのは、私が弁護士になって1年目の時にパートナー弁護士から言われた言葉です。ファーストドラフトとは、完成形として世に出せるレベルではなく、この後にさらにブラッシュアップすることが予定されている、第一段階の成果物のことを指しています。つまり、新人であれば、自分が作成した成果物は、必ず先輩がチェックしてくれますが、それを前提に一旦作成してみましたとでも言わんばかりの成果物を上げてはいけないという意味です。

確かに、当時の私は、どうせ先輩が仕上げをしてくれるだろうという気持ちで、自分ができる100%のことをしていませんでした。すると、何か失敗をした場合も、自分の能力や仕事のやり方に問題があったというよりは、そもそも力を出し切っていない姿勢が問題だったとなりがちです。そうなると単にもっと一生懸命、丁寧にやれよ、となるだけで、次に繋がる本質的な改善を得ることもできません。

しかも、ファーストドラフト感のある仕事をしている時は、実は自分でもいろんな箇所に考察不足の不安があることがわかっていました。そういう箇所は、もしかしたら見逃されるかもと思うものの、必ず先輩からは考察不足だということが見抜かれました。


ミスをした時は、この時に限って不注意だったと思いそうになりますが、実際はミスが発生する原因は常日頃から雑な仕事をしてしまっていることにあります。それがたまたま、この時にミスとなって現実化しただけなのだろうと思います。一つのミスを防ぐためには、雑に仕事をしたけれどもミスにならずに見過ごされていったものも含めて、丸ごとレベルアップさせる必要があります。

また、こんな単純なミスをしてしまったと悔やむことがありますが、ミスとは大抵単純なもので、常日頃の意識によって改善するしかありません。

改めて、仕事には魂を込めて作業をするようにしています。

単純で簡単な作業こそ結果に差が出る

単純で簡単な作業は、いつ誰がどのようにやっても、想定できる結果が比較的明確なので、難しい仕事以上に差が出やすいこともあります。

私は、数年前に引っ越しをした時に、組み立て式の本棚を購入し、誰かにバイト代を払って組み立ててもらおうと思いました。

まずは、実験的にＳＮＳで募集をしてみたところ、20代前半ぐらいの人で、普段あまり仕事をしていない人が手を挙げてくれました。何となく当時の私が普段付き合っている友達とはタイプが異なるような印象があったので、興味を持ってお願いすることにしました。

すると、ただ本棚を組み立てるだけなのですが、いざやってもらうと、微妙に板と板の間に隙間が残っていたり、ネジの締め方が甘かったり、また、作業してもらった場所が汚れて散らかっていたりしました。もちろん、使用には全く問題ないので、十分に有難い作業結果ではありました。

次に、比較的優秀な大学の医学部を出て、お父さんが財閥系の大企業の会長まで勤めているような女医の友達にお願いしてみました。

経歴だけで差別はしませんが、結果的には、彼女はとても綺麗に本棚を組み立ててくれ、さらに安物の本棚だったからか、きちんとネジが締まり切らない箇所があったことを報告してくれ、さらに実際に荷物を載せてみて耐久には影響なさそうだと自ら試して感想を述べてくれ、作業後には何も言わなくても綺麗に掃除までしてくれました。

ただの本棚組み立てのように単純で簡単な作業こそ、結果に差が出て比較しやすいこともあるので、どんな仕事でも、一生懸命取り組む必要があります。

成果物は必ず一日寝かせてから、再度確認する

仕事をしている最中は、自分のミスに気が付きにくいものです。なぜなら、何かミスがあっても、自分の頭の中では正しく変換して認識してしまっているからです。

ですから、成果物を仕上げる時には、必ず一日は寝かせて、頭を空にして、認識の連続性を一度切った状態で、再度確認するようにしています。そのためには、当然、成果物の締切期限については前倒しして作業を進める必要があります。

私が弁護士1年目の時、全ての成果物について一日寝かせて自分で再度確認するという手順を踏んでいました。特にパソコンの画面だと文章の認識度が落ちるため、必ず紙にプリントアウトして、一字一句を丁寧に、第三者が見て理解できないところはないかと、穴があくほど読み込んでいました。タイミングとしては、成果物を完成させた翌日の朝一に確認することが多かったです。

そうすると、自分では伝わると思っていた文章の構成が全く意味不明だったり、情報の過不足があったり、誤字脱字があったりといった不備に気付けて、自分なりに改善した成果物を仕上げられます。

ちなみに、弁護士1年目当時、1年間でおそらく合計何十万字以上もの書面を作成しましたが、誤字はわずか2字しかありませんでした。

誤字脱字があるかないかは形式面の問題なのでさほど重要ではないですが、それだけ徹底して何度も自分で成果物を見直して考察していた結果、誤字脱字もなくなっていったのです。

困難に対する想定の範囲を広げる

仕事をしていると、必ず思いもよらない困難にぶつかったり、期待していた評価が得られなかったりすることがあります。そんな時に、いちいち動揺して落ち込んでいては、モチベーションを長く維持することはできません。

私が司法試験の本番初日の前夜、当時住んでいた大阪では、一晩中、豪雨と雷雨が鳴りやみませんでした。町中にしてはあまり記憶にないくらい荒れていて、ずっと轟音が鳴り続けていました。

元々、司法試験の本番前日で気分が高まりやすいのに、さらに滅多に経験しないレベルの豪雨と落雷で、気持ちが落ち着かずに朝方まで寝付けませんでした。

しかし、他の受験生の中には、もっと以前から、司法試験の重圧から不眠症になったり、心療内科に通ったりしている人がいることを見てきましたし、私は何があっても全ての困難が試験に含まれているものだと考えるようにしていました。

ですから、試験前日にほとんど寝られなかったことは全く想定の範囲内で、それも含めて試験なので、やってしまったとは思わずに、淡々と試験に挑んできました。

また、登山のケースで考えると、例えば、登山中にガイドからあと5時間歩けばいいと言われた場合に、本当にあと5時間だけ頑張って歩こうと思ってしまうと、実際には5時間で終わらないことも往々にしてあるため、その度に精神的な余裕がなくなってしまいます。ですから、私の場合は、言われた時間に何割増しかして考えるようにしています。

どうせ状況は変えられないわけですから、そうであれば少しでも心に余裕が持てるように想定の範囲を広げておくようにしています。

集中度や時間量に応じた仕事をする

人間には体調や気分の周期、波がありますし、常に100%の集中力が発揮できるわけではありません。1日の中でも疲れ度合いに応じて集中力は落ちますし、どうしてもモチベーションが上がらないこともあります。

そこで、私は手元のタスクについては、100%集中しなければ作業できないもの、それなりの集中度でも作業可能なもの、あまり集中していなくても作業可能なものといったように、必要な集中度に応じて分類しています。そして、その時々の集中度に応じて、ふさわしい仕事に取り組むようにしています。

これは手元のタスクに取り組む順番にも影響します。例えば、今週は移動が多いスケジュールであれば、移動中という100%の集中はしづらい環境でも作業可能なタスクを意図的に残しておいて、その時に作業するようにします。このような管理をしていると、自分がどういう時間帯、どういう環境だと集中力が高まるかもわかってきますので、ますます効率的な作業配分ができるようになります。

同じように、時間量についても、ある程度長い時間継続して作業しなければいけない業務と、短い細切れの時間でも作業可能な業務を分類しています。

例えば、一日拘束されるような業務をする枠を作るために、1週間のうちにポツポツと細かな業務をばらばらに予定しないようにしています。例えば、1時間の打ち合わせの予定を、何も予定がない日の真ん中に入れてしまうようなことはせず、細かい予定同士を固めるようにしています。また例えば、少しの間、頭の中で考えてアイデアを練るだけでも意味がある仕事があれば、長い時間が確保できる時には考えずに、移動中やお風呂に入っている時に考えるようにしています。

アウトプットは最短時間で最大情報量を意識する

他人にアウトプットをする際、他人の時間を拘束していることを意識する必要があります。

特に、複数人を前にして自分がプレゼン等の時間を頂く場合、自分が使った時間×目の前にいる人数分の時間が消費されていることになります。10人を前にして話すのであれば、5分無駄な話があっただけで50分の損失です。

それにもかかわらず、プレゼン等になると、それっぽい形式を整えることを重視してしまったり、やった感を出そうとしたりと、何となく時間を長く使いがちになります。すると、聞いてくれている人全員から、時間に対する感覚が甘いと思われてしまいます。

プレゼン等の際には、現在の発表内容と全く同じ情報量を、何割かカットした時間でできるのではないかを意識して、改良するようにしています。

プレゼンに限らず、ちょっとした電話、会議、メールのやり取りや書面作成等、他人にアウトプットをする際には、最短時間、最小文字数で、最大の情報量、説得力を出すことを心がけるようにしています。

不得意なものを得意だと言ってしまう

誰しも物事への得意不得意があると思いますが、不得意なものを不得意と言ってしまうと、本当に苦手意識が強まっていきます。なぜなら、苦手だと思っているものには距離を取りがちで、成長してそれを克服する機会が減っていくからです。

ですから、私は苦手なことを逆に得意だと言ってしまうようにしています。

例えば、司法試験受験生の時であれば、学生達の間では民事訴訟法が難しくて苦手だという話が圧倒的に多かったので、私は得意な法律科目は民事訴訟法だと言うようにしていました。また、弁護士になってからも、私は滑舌が悪いこともあって、人前で話すのがあまり得意ではありませんが、だからこそ証人尋問や、プレゼン、講演会が得意だと言うようにしています。

すると、勝手な思い込みで得意だと言っていただけなのに、自分でも本当に得意になった気になり自信がついてきますし、周りからもそれが得意な人だと認識されて、質問、相談、依頼をされる機会が増えていきます。

その結果、本当に得意になってしまうことがよくあります。私の場合、苦手だった民事訴訟法がいつの間にか得意になり、司法試験の時は自分では最も成績の良い科目にまでなっていました。プレゼン等は今でも達者ではありませんが、以前よりは随分改善しました。

いずれにしても、不得意なものを不得意と言ったところで何も始まらないので、敢えて得意だと宣言してしまうことで成長に繋がることがあります。

パスワードで自己暗示する

日々の業務における成功へのイメージトレーニングとして、私がよく使っている方法ですが、自分に自己暗示したい言葉をパソコンのパスワードに設定するようにしています。例えば、法科大学院生の時には、学内で一番かどうかはどうでも良いことですが、一応学生ということもあって、「ｓｈｕｓｅｋｉ１」（首席一番の意味）というのを、大学院内のパソコンに設定していて、パスワードを打ち込む度に、自分は首席で一番になれるのだという自己暗示をかけていました。

もちろん、日常的に使うパスワードなので、そのうち指が勝手にタイピングできるようになってきて、毎回、パスワードを文字として意識するわけではなくなっていくのですが、それでもたまには思い出して、自己暗示に役立てています。

そのおかげもあってか、司法試験については、通っていた大学院内では一番良い成績を取ることができました。

日本電産の創業者の永守重信さんは、銭湯でも番号が一番の下駄箱、列車でも一番の指定席を使っていたそうですし、アスリートの中には金メダルを意味する表彰台の真ん中を意識して、トイレで複数あるうち真ん中を使う人がいるようです。

このようにして日頃から自信をつける自己暗示のための行動をとることで自信を高めることができます。

苦手な相手には意図的に近づく

私は元々単独活動が好きなことに加えて、専門職の弁護士であるため組織内では多かれ少なかれ特別扱いされがちで、社内の人付き合いについては、一般の会社員の方々の方がよほど長けていると思います。ただ一つだけ、社内の人間関係についてもお話ししてみます。

社内の人間関係を良くしていく方法として、私が一番採っていたのが、苦手な相手、特に苦手な上司に意図的に近づいていくということです。

私が勤めていた北浜法律事務所には東京、大阪、福岡に事務所がありましたが、私のいた東京事務所では、当時パートナー弁護士は二人いました。そのうち一人は年に何度か激高するものの普段は比較的温和で優しかったのですが、もう一人は常に辛口で特に新人弁護士には厳しく、陰ではかなり煙たがられている存在でした。

私も、その弁護士からは何度も暴言を吐かれましたが、それで傷つくのを恐れてその上司を避けるのではなく、むしろ意図的にその上司に近づくようにしていました。

例えば、これは割と大手の法律事務所ではよくある文化なのですが、私の事務所でも、ランチや夕食の際には、手が空いている弁護士が一緒に出かけ、一番先輩が全員分を奢ることになっていました。

そして、毎回食事の度に先輩後輩が一緒に出掛けるのですが、私以外の若手弁護士は、若手同士で固まり、上司であるパートナーからは多少離れた席で食事をしがちでした。ですが、私は店に向かう最中から、苦手な上司の近くをキープし、自然と同じタイミングで店に入って、そのままそのパートナーの近くに座るということを意図的にやっていました。

そうすると、どうしても仕事以外の話をする機会も増えますし、また仕事の話をするにしても業務時とは違って、少し優しく話してくれたりします。

そんな時のために、私はいつもその上司と一緒に携わっている案件に関して何かしら質問を持つようにしていて、ここぞとばかりに質問をぶつけてみて学ばせてもらうと同時に、その上司との距離を少しずつ縮めていました。

これは凄く効果的です。多少性格の悪い上司であっても、能力的には必ず自分よりも優れたところがあります。自分から近づいてみて、自分にないものを持っている上司の良さを真摯に感じることで、本当にその上司のことを尊敬できるようになり、多少の嫌みを言われても気にならなくなります。実際、私は上司のことを誰よりも好きになっていて、いつも尊敬して眺めていました。

また、それだけ周りから煙たがられている上司ですから、唯一懐いてくる後輩や部下のことを特別可愛がってくれるようにもなります。

大切なのは心の底から真に尊敬の気持ちを持って上司に接することができるようになることであって、決して媚びて近づくことではありません。そんな態度は必ず相手に伝わってしまいますし、周りからの印象も悪くなります。

組織内では上下関係があり、上司と自分の相性が合わないのであれば、近づいていくのは部下である自分の方からだと思います。意図的に近づくようにしていると、必ず相手は自分の味方になってくれます。

クライアント以上にクライアントを知る

仕事に際して、自分の目の前にいるクライアントのことをクライアント本人以上に知ることを目標にしています。

私は、今は頻繁に海外にも出かけて連絡がとれなくなる環境にいるので状況は変わっていますが、以前は定期的に継続的に関わる会社が多く、そういった会社に関しては、社歴、主要メンバー、決算状況、強み、弱みについて、その会社の人間以上に話せるくらいには知るようにしていました。

例えば、私と会社の担当者が一緒に金融機関を訪問する際に、先方から会社に関する質問があった場合に、会社の担当者が私に対して、「これって何でしたたっけ」と聞いてくることがよくありました。

しかも私は、資料も見ずに常に大まかな情報は頭に入っていました。ですから、何も資料を持っていない状態でいきなり携帯に電話がかかってきても、内容について話すことができるぐらいの状態でした。これを常に同時並行で200社程度は抱えていました。

そこまでクライアントに具体的な関心を寄せて細部の情報まで近づいてみると、クライアント本人に憑依したかのように、その会社が抱えるニーズや問題点について、本人に近い気持ちで感じて考えることができますし、それでこそ信頼も得られます。

上司やクライアントへの報告は金曜の朝までにする

私は、その週に予定している、上司やクライアントへの報告や上申は、金曜の朝までにすることを意識していました。

なぜかと言うと、金曜の朝までに成果物を送っておけば、金曜のうちにざっとは見てもらえる確率が高いからです。他方、金曜の日中に送るのであればその確率は少し落ち、さらに金曜の夕方以降や、土日に送ったところで、見てもらうのは翌週の月曜になってしまいます。

つまり、金曜の朝までに仕上げれば金曜中に見てもらえるものが、半日遅れただけで、見てもらえるタイミングが2、3日分も遅くなってしまうのです。逆に言えば、半日頑張って早く仕上げれば、2、3日分早く先方に見てもらえます。

ですから、どうせやるのであれば、金曜の朝までに仕上げるのがお得です。

そこで、私は法律事務所に勤めていた頃は、木曜の夜には予定をあまり入れずに、いつでも朝方まで作業ができる体制にしていました。実際、木曜の深夜は遅くまで事務所に残り、その週の成果物は、金曜の朝までに仕上げることがよくありました。

自分の中でこういう楽しみを設定してゲーム感覚で仕事をしていると、一層仕事そのものや、スピードを高めるという自分の中でのテーマに対して積極的にモチベーションを高めて取り組めます。

クライアントへのサプライズを楽しむ

さきほど、金曜の朝までに仕事を仕上げるのはお得だという話をしましたが、では金曜の夕方に差し掛かった仕事は週明けにゆっくりやるのかと言えばそうではありません。

こんなことを言うと、結局、毎日ハードワークをしろということかと言われてしまうかもしれませんが、本書でお話ししているような考え方を実践できる時もあればできない時もある前提で、その時その時に、少しでもモチベーションを上げるきっかけの一つとして考えています。

　さて、例えば、夜に飲み会の予定がある金曜の夕方くらいに、クライアントから「来週中にご回答ください」という長めの質問メールが来たとします。これに対して、いつ対応するかという問題です。

　クライアントからの依頼通りに対応するなら、週明けに質問メールの全容を確認して作業に取り掛かり、余裕を持って、水曜か木曜くらいに回答できれば良いかなという感じだと思います。

　でも、私の場合は、金曜夜の飲み会に参加した後、事務所に戻り、質問メールを確認して、金曜の深夜から土曜の朝方にかけて回答メールをしていました。

　この時、私はこう考えるわけです。翌週クライアントが出社した時、当然、質問メールの回答が来ているとは思っておらず、水曜くらいに回答が来たら有難いな、くらいに思っているだろう。それが、月曜の朝に出社したら、すでに回答メールが来ている、もちろん内容はしっかりしている。しかも日時を見ると金曜の深夜である。すると、クライアントは私に対して、「金曜であれば飲み会でもあっただろうに、それを終えてから作業してくれたのだろうか。なんて頼もしい人だ」と驚いて喜んでくれるのではないだろうかと。

さきほどの金曜の朝までに成果物を仕上げようという話とは矛盾するかもしれませんが、これはこれで、日常の業務にちょっとしたサプライズ、ワクワクを取り入れることでモチベーションの維持に役立つことがあります。

そして、サプライズとは、スピードに限らず、上司やクライアントの期待を超えていくことです。ホンダの本田宗一郎さんも、ユニクロの柳井正さんも、クライアントの要求に応えていてはダメだと言っています。なぜなら、クライアントは自分の常識、想像の範囲内にあることしか要求することができないからです。クライアントが自ら思いもつかない潜在的な要求をこちらから提供していくことで、初めてクライアントの期待を超え、新たなニーズの発掘に繋がるのです。

月曜の朝は、少し早めに快活に出社する

さきほど木曜、金曜の話をしましたが、最後にもう一つだけ、月曜の朝の話もしてみます。

月曜は、週末を挟んで、職場のメンバーが少し新しい雰囲気で再会する瞬間です。週末に遊び倒した疲れからか、月曜朝の出社時には元気がなく遅刻しそうになることもあります。

しかし、少しだけ日数をあけて再会する月曜の朝に、相手に与えるイメージは、他の曜日以上に大きいものです。しかも、週末にもメールが来ていて、作業しなければいけないことが他の曜日より多いこともあります。そうであれば、もし週のどこかで力を入れようとするのであれば、月曜の朝がお得です。

日本電産の永守重信さんは、「出勤時間の早い人は、他の待ち合わせ時間にも早く集まり、そういう人は常に心の余裕があり、行動を起こす前にもう一度考えてみることができる。他方、いつもギリギリの人は余裕を持って物事を進める習慣がなく、小さなミスが膨らみ、あらゆることがルーズになっていく」と言っています。

私は、今はフリーランスで出社の概念がありませんが、法律事務所に勤めていた時は、特に月曜の朝は、いつもより意識して少し早く、快活に出社するようにしていました。少し無理やりなエピソードかもしれませんが、このようにいろいろな考え方を自分のモチベーションを高めてくれるツールとして持っておくようにしています。

過去に送信したメールを定期的に見返す

仕事の価値として、自己実現価値というか、自己成長を感じることの楽しさがあります。それをわかりやすく感じられる方法として、自分が過去にクライアントや上司等に送信したメールを定期的に見返すということをしています。

これをするようなったきっかけは、大学院の時に、過去に自分が書いた答案を読んでみると、何が言いたいのか全くわからず、事案の把握も全く不十分で、それにもかかわらず当時の自分は理解できている気になって得意げに論述していることに気が付く、ということがよくあったからです。

これは、逆に言えば、当時からすれば今の自分が成長できているわけです。

同様に、自分が過去にクライアント等に送ったメールを定期的に見返してみると、わずか数ヵ月前に自分が送ったメールでさえ、この時の自分はなんて事案把握能力がなく、とんちんかんなメールを送ってしまっているのだと恥ずかしく思うことが多々あります。と同時に、少し前の自分がとても劣って見える程に今の自分が成長できたことが実感でき、モチベーションを高めてくれます。

さらに、過去の自分の仕事ぶりを客観的に評価できるので、改善点も見つけやすく、さらなる自己成長に繋げることができます。

自分史上の伝説を作っているつもりで取り組む

私は、時として、自分の中では、自分の日々の活動が、自分史上の伝説の一部を作っていると思って、仕事に取り組んでいます。

私が新人弁護士の頃、右も左もわからない中、先輩弁護士の後をついて目の前の仕事に取り組み、精一杯食らいつき、また、移動時間や待機時間の隙間時間には少しずつ専門書を読み漁って勉強して、いつも時間を惜しんで学び続けていました。

この時も、こういう日々の積み重ねがいつか花開き、自分史上の伝説の一部を作っていくのだという思い込みを持つことで、モチベーションを維持していました。

独立してからは、数百件のクライアントを抱えて、合計何百億円の案件を一人で扱うようになりました。しかも、私の仕事の結果次第では倒産してしまうようなクライアントも多数含まれており、筆舌に尽くし難いプレッシャーが頻繁に押し寄せてきました。しかし、とてつもないやり甲斐、クライアントからの期待感、常時体温が上がる程の使命感や達成感を感じ、日々とめどなく溢れる充足感に包まれ、まさに毎日、自分史上の伝説を更新していると思って情熱を持って仕事に取り組むことで、プレッシャーを乗り越えていました。むしろ、辛いことや惨めなことがあっても、こういう苦労がある方が伝説としては映えると思ってワクワクしていました。

これは、法科大学院で司法試験の勉強をしていた頃から思うようになりました。私はIgA腎症という慢性腎炎の治療のために扁桃腺の摘出手術をし、その後、1年間にわたって二日に一度の投薬を余儀なくされました。そして、薬を飲んだ時は頭どころか体がまともに動かないので、授業に出席だけ取りに行くものの授業中はずっと寝ていて、授業の時間以外もすぐに帰宅して家で一日中寝ていました。こういう療養生活ができるように、家は大学院から50ｍのところに住んでいました。

私はこういった二日に一度しかまともに勉強ができないというハンディがあったわけですが、その上できちんと司法試験に合格できれば、一層自分の中では功績として自己評価できるなと楽しみにしていました。

同じように、私は他のエリートビジネスマンと違って、大した家庭環境でも、大した学歴でも職歴でもないため、これで成功できれば余計に自分の中で伝説化できると思って、前向きに取り組んでいます。

他にも、何かに挑戦中、大きな失敗をしてしまった時は、こんな失敗をしたにもかかわらず成功できたら凄いことだと思いながら、困難や課題に楽しんで向き合っています。

このように意図的に自惚れてでも、自分史上の伝説を作っているだとか、日々の積み重ねが伝説の題材にできると思える程、仕事に熱中しています。また、毎日の活動が、自分の美学や信念に沿っていると感じることで、本来、大変なはずの努力が全く苦にならなくなり、むしろ伝説のストーリーの序章として楽しく取り組むことができます。そして、このように圧倒的に自己評価を高めていくと、他者からの評価に振り回さることがなくなるというメリットもあります。

経営者意識を持つ

経営者意識を持つとは、様々な場面でいろんな人が言っている言葉です。私なりの解釈の一つは、自分が組織に属している場合にも、その時の自分のポジションにおいて、自分と組織の損得を一体のものとして考えようという意味だと思っています。他方、その組織の実際の経営者と同じ目線を持てという意味ではありません。そもそも立場が違う存在について、自分に置き換えて考えることはできないからです。

例えば、自分が一日仕事をさぼってしまった場合、組織に5万円の損失が発生し、一方、一日凄く頑張った場合には組織に5万円の利益が発生するとします。この時、あくまでも組織の損得が発生するだけだと考えてしまうと、所詮他人事に過ぎないため、本気で損を防ぎ、利益を得ようというモチベーションにはなりません。

それを、少しずつ、組織の損得を自分の損得と同じ意識で感じるようになっていこうという話です。

私は、法律事務所に勤めていた時、例えば、体調を崩して仕事を休んでしまえば、まさに自分が5万円を失うと考え、絶対に体調を崩さないように、徹底した体調管理を心がけていました。しばらく外に出た後、うがい手洗いをせずに飲食することは絶対にありませんでした。

また、当時の事務所では、弁護士は新幹線移動の際にグリーン車に乗っていいことになっていました。自分の懐は痛まないので、他の弁護士は全員がグリーン車に乗っていたのですが、私はグリーン車に乗る必要性もないしそんな身分でもないと思い、秘書にこっそり自由席を取ってもらっていました。

細かい話ですが、こういう意識を自主的に少しずつ持っていくことで、経営者意識が備わっていきます。

また、経営者意識とは、何かに取り組む時に、0から10まで必ず一人でやり切るという覚悟をもつという意味にも捉えています。経営者であれば、自分が仕事の全責任を持ちますし、最終決定権限者なわけですから、自分が仕事をやり残した場合や、自分の仕事が不十分だった場合に、その後に誰かがやってくれるということは期待できません。

他方、複数人で業務に取り掛かっている時や特にそこに先輩や上司がいる場合は、自分に何か漏れがあっても、他の誰かがやってくれるという期待をしがちで、一人だけで業務をしている時に比べると緊張感が薄くなってしまうことがあります。またもし失敗しても、失敗の責任を複数人で分担するから軽く感じてしまいそうになることもあります。これだと、赤信号はみんなで渡れば怖くないと言っているのと変わりません。

ですから、私は、何かの仕事で、共同で作業するメンバーがいる場合や、特に先輩や上司がいる場合でも、その人は存在しないものと仮定し、その意識の下、業務に取り組むようにしています。そして、全ての仕事を自分一人で全て責任を持つ、もし失敗した場合には全て自分一人の責任だと考えるようにしています。

恩送りを意識する

仕事の価値として、社会貢献や社会正義の一助になることができるかという社会的価値について考えることがあります。

「恩送り」とは、社会や他人への貢献を考える際に、私がよく意識している言葉で、私が法科大学院生の時に、裁判官の先生から教えてもらった言葉です。

一般には「恩返し」という言葉がよく使われていますが、恩をもらった人に恩を返すのも素敵なことですが、それだと、恩の流れが止まってしまいますから、それだけでなく、下に下に、横に横にと、恩を送っていこうという考え方です。

そもそも、恩をくれる人は大抵、自分より目上で自分の前を歩いている人なので、そんな方々にもれなく恩を返すことは難しいです。そのため、もらった恩は返しきれずに自分に滞留していきます。そこで、その返しきれなかった恩を、横に下にと送っていくわけです。

このような考え方を持っていると、何か自分が少し損な役回りをしたりとか、他人のために少し自己犠牲を払ったりすることになっても、これはこれまで散々受けてきたいろんな恩を送るターンなのだと思って素直に納得できます。

特に私の場合は、弁護士であるというだけで、実態以上に信用され、余分に仕事を与えてもらっており、それは全て諸先輩方のお陰なわけですから、それをお返しするための社会貢献や後輩育成に自己犠牲を払うのは当然です。むしろ何もしないと据わりが悪くて落ち着きません。

例えば、日本一稼ぐ弁護士だと言うと、弁護士報酬を凄く高く請求しているのではないかと思われることがありますが、全く逆で、昔、日本弁護士連合会が作成した報酬基準からすると、半額程度の単価にしています。諸先輩方と同じ単価の報酬を受け取るわけにはいかないからです。その分、自分の生活の全てを捧げて、誰よりも大量の案件を効率良くフルスピードで対応してきましたし、戦略的に自分の得意分野を見定めて徹底的にスキルを磨くことで、案件に要する労力を下げられるようにし、結果的に収益の最大効率化に成功してきました。

また、さらなる社会貢献や後輩育成のために役立つ場合には、私が得意分野で培った知識や経験は資料にしてそのまま無償で他の弁護士に渡してきましたし、母校から講演会の依頼や勉強、進路相談の依頼が来た場合にも積極的に対応させてもらっています。

また毎年のように、お世話になった出身地や母校やリトルリーグ、あるいは自然災害のあった地方自治体等に数百万円単位の寄付を行っています。当たり前ですが、税金についても、これまで10億円以上は納めてきましたが、税務調査も問題なくクリアしています。

ちなみに、本書についても、誰か一人の役にでも立てればという思いで執筆しましたが、収入を目的としているわけではないので売上から得られる印税は何かしらの形で社会貢献に充てる方法を模索しています。

ものは考えようですが、どうせ自己犠牲、自己負担のある役回りを引き受けるのであれば、ポジティブに考えると楽しく取り組めます。

営業の秘訣

本章の最後に、私がどのようにして大量の依頼を受けてきたかについてお話しします。必ずしも一般化できる話ではありませんので、読み物として聴いてください。

私が弁護士5年目で独立した頃、司法制度改革の成果もあり、弁護士が急増しており、その分、仕事にありつけない弁護士が出始めていると言われていました。特に都心の場合は、一層クライアント獲得が難しいと。ただ地方には十分な仕事があるとも言われていました。

これらが本当なのかどうかはわかりませんが、仮に本当だったとして、東京に住みながら地方のクライアントから依頼をもらえばいいだけだと思っていました。

なぜなら、弁護士として依頼される業務の大半が、「今すぐ面談してください」と言われる程の緊急性はなく、打ち合わせが必要な場合にもせいぜい数日後にアポイントが設定されるくらいだからです。そうであれば、よほど田舎でない限り、半日あればクライアントに会いに行けますし、通信手段も発達している現在では、物理的に離れていることはクライアントからの依頼を受けられるかどうかについて決定的な障害にはなりません。

私のクライアントは、東北地方が最も多いですが、北陸、北関東、東海と点在していま す。これだけ広範囲のクライアントから依頼をもらえるようになったのには、私なりの営業の秘訣がありました。

そもそも、弁護士会の規程で、基本的に、弁護士は面識のない相手に対していきなり営業をしてはいけないことになっています。理由は品がないからだそうですが、この規程は、何かに困っていても自分からは弁護士を頼れない本当の弱者を放置してしまいかねませんが、ともかくそのようなルールになっています。どちらにしても、東京に住んでいる弁護士がいきなり地方の方々に直接営業をしたところで、簡単に信頼してもらえないでしょうから、元から直接営業するメリットがあまりありません。

そこで私は、地方では都心以上に地域内での横の繋がりが強く、○○組合、○○商工会議所、○○協会といった団体が多数組成されていて、一定の影響力を持っていることに着目しました。しかも、こういう団体に所属しているのは一般個人ではなく、法人や個人事業主の方々で、自分達でビジネスをされているので相談すべきことが多いのです。そして、売上1000億を超えるような規模の企業は皆無ですが、売上10億程度の会社であればいくらでもあり、私程度の弁護士が扱う案件としては申し分ない規模のものでした。

そして、私はそういった各団体の組合長、理事長といったトップの役職の方だけを対象に会いに行き、様々な情報交換を繰り返しました。当然、情報交換として彼らに興味を持ってもらうからには、その地域の歴史、現状、今後の課題について徹底的に調べて考えていく必要があり、法律以外のことも随分勉強しました。

話題作りのために、その地域の観光スポットや、スポーツを観に行ったり、有名な旅館やレストランを巡ったりもしました。彼らから直接依頼を受けるわけではありませんが、私の人柄やこれまでの実績を知ってもらい、いわばファンになってもらうためです。


特に東日本大震災の被災者支援業務に取り組んでいた時は、優に１００回以上は被災地に足を運びました。すでにお話ししましたが、震災以降、特に多く扱っていた風評被害対策業務については、日本のどの弁護士よりも絶対に自分が一番勉強し尽くしたという思いがあったことから、自分でまとめた資料と共に、自信を持って会いに行くことができました。

そして、実際に彼らにファンになってもらえると、その組織に所属している方々が何かに困って弁護士が必要になった場合には、私のことを優先的に紹介してくれるようになります。当然、物理的に離れた東京に住む私を紹介してもらうからには、呼ばれたらいつでも飛んでいくフットワークの軽さが前提となります。私は、午前中に連絡をいただけたら午後には会いに行きますといつも言っていました。

また、組織の方々を集めてくれて、組合や商工会議所主催の法律相談会や説明会を開いてくれ、私が各相談者と30分ずつ一日に計20社から一気に相談を受けるというようなこともありました。これを各地で合計20回以上は開催してきました。週末に2泊3日で地方に遠征に行くだけでご依頼を30件以上もらって帰ってくることもありました。

また、時として、組織のトップの方が自ら、組織内の定期連絡に混ぜて、私のプロフィール等の情報を流してくれて、何か困った時は私に連絡するようにと推薦してくれることもありました。

各地域において信頼されている団体のトップの方々が私のことを宣伝して推薦してくれるため、地域の方々も安心して依頼をしてくれるようになります。

このような状態になると、もはや私が現地に行く時間もないくらい、毎日のようにいろんなところから相談の連絡が来るようになります。そして、それからはただ紹介してもらった案件を一生懸命丁寧にこなしていくだけで、どんどん紹介の連鎖が続いていくようになりました。地域内の誰かが困って他の誰かに相談すれば、私の名前が出てくるような状態です。

しかも、同じ地域の人達の相談を集中的に受けていると、相談の内容が似通っていることも多く、特に震災以降に集中的に問題になりやすかった、原発事故による風評被害対策業務、二重ローン問題、金融機関との交渉、事業再生計画の策定、土地の買い上げの問題、相続等、一気に地域特有の問題を解決するスキルが高まっていきました。

ちなみに、各団体のトップの方々にファンになってもらうという話をしましたが、いきなり全ての団体の方々が会ってくれるわけではありません。運良くお会いできた団体の地域でまずは頑張って少しずつ仕事の成果を挙げていきました。すると、例えば各市町村にある団体というのは、定期的に県単位の連合会のような会合をもたれているので、そこでファンになってもらっているA市の団体のトップの方から、B市の団体のトップの方にも私の宣伝をしてもらうという形で横展開していきました。

やや抽象化してお話ししましたが、私はこのようにして地方の組織のトップと仲良くなり、その組織に所属している方々をまとめて紹介してもらうことで、大量の依頼を受けるようになりました。

ちなみに、最近では弁護士業務に割く時間を減らして、次の人生のステップに進もうとしていますが、これまで築いてきたクライアントの方々との関係については、少しずつ仲の良い信頼できる弁護士に引き継いで担当してもらっています。私は一つの業界である程度似たような仕事をし続ける人生よりも、どんどんと全く挑戦したことがない分野を開拓していくことを楽しいと思うからです。

コラム❷

ストレスの正体は「幽霊」と同じ?

「ストレス」という言葉をよく聞きます。私は仕事や趣味の登山、あるいは日々の人間関係で、客観的にはどれだけ辛い出来事や煩わしいと思えるようなことがあっても、それに対してイライラしたり、苦しいと思ったりすることがありません。私の趣味、嗜好が悪趣味なため、日頃、突っ込みどころのある出来事に遭遇すると、一緒にいる友達に対して何かにぎやかしに毒づいてみたり、SNS等で知らない人から害意をもって絡まれたりすると、いたずら心でわざわざ絡み返しにいくことがあるので、いつもストレスを抱えて怒っているかのように思われることもあるのですが、内心、感情はほとんど動いていません。私はストレスというものを実感したことがないのです。

他方、様々なことにストレスを感じる方もいると思います。しかし、これは目に見えないものですし、人によって感じ方が違うようなので、何とも認識しづらいものです。目に見えず、人によって感じ方が異なるということは、ストレスとは「幽霊」と同じようなものなのだろうと思います。

「霊感が強い人は幽霊が見える」といったように、ストレスに敏感な人はストレスを感じることができるのだろう、と。

そもそも人間がストレスや幽霊の存在を感じるのは、おそらく動物の本能として、自分の身に危険が降りかかる環境を避けるために、恐怖や不安や不快感を覚えるという生理反応が生じるようになっているのだと思います。

私は、幼少期の頃、墓地や夜の林に入っていくのが好きでした。不気味な場所に入っていくと、そういった客観的に危険性が高いと思われるような環境に対して、恐怖や不安を感じて心身がぞわぞわするのですが、この感覚が好きでした。

ただ、そこに実際に何かが存在しているわけではありませんから、立ち止まってゆっくり深呼吸をしていると、次第に恐怖や不安はなくなっていきます。同様に、知らない土地でわざと一度迷子になってみて、焦ってから平常心を取り戻して、知っている道までたどり着くというようなこともよくやっていました。

このような体験を繰り返しているうちに、客観的に恐怖や不安や不快感を覚える状況に対して、主観的にどう感じるかは別にコントロールできるものだということがわかっていきました。ストレスについても、ストレスを感じそうな客観的な状況であっても、主観的には何の不快感も覚えず、むしろ楽しみに変換することは必ずできます。

また、霊感が強かったり、恐怖や不安を感じやすかったりする人は、自己防衛本能が強い人なのだろうと思います。ストレスも同じです。

自分は傷ついてはいけない人間だという思いが強かったり、自分はこの選択肢しか受け入れられない、という何かに固執したり、執着する本能が強いと、ストレスを感じやすくなってしまうものなのだと思います。

逆に、自分は特別な何者でもないし、最初から名誉もプライドも何もない。どんな選択肢であってもこだわりなく受け入れる、と思っていれば、そこから逃げる必要はないので、ストレスという感情は湧き上がってこないのだろうと思っています。

Chapter 3

日本一稼ぐ弁護士の「人生」の考え方・楽しみ方

最後にChapter3では、仕事から発展して人生の考え方や楽しみ方についてお話しします。これは一見、仕事術とは関係ないように思われるかもしれません。

しかし、仕事以外の場の方が、失敗するリスクを考慮せずに取り組んだり、コストパフォーマンスを度外視して熱中することができます。

そのため、人生全般において、仕事であるかそれ以外かに関わらず、それぞれで学んだことを相互に活かしていくことで、一層仕事も発展していきますし、人生全体が豊かになっていきます。

そのためには、仕事の場以外においても、少しでも活動範囲を広げて多くのことに深く熱中していけるように目的意識を持っておくべきです。

すると仕事とそれ以外の区別もなくなってきて、自分の考え方や哲学のようなものが統一されてきて、ますます自分の価値観が定まり、仕事でもそれ以外でも、本当に自分が楽しいと思えることに取り組んでいけるようになります。

そこでChapter3では、直接的には仕事の場面には関係ないことも多く交えてお話ししていきます。

24時間全てを活動時間に充てる

趣味、プライベートを含めて人生を充実させていくための考え方についても、仕事と同じく、新しいことにいろいろと挑戦して、今を楽しんでいくことが大切です。そのためにはやはり「忙しい」と言わないことが必須です。すでに散々同じことをお話ししましたが、心身のフットワークをいかに最大化するかが重要です。

私はフットワークを軽くする大前提として、1日24時間のうちどの時間帯でも予定を入れるようにしています。今でこそフリーランスだからそんなことが言えるのだと思われるかもしれませんが、法律事務所に所属してそれなりの激務をこなしていた時も、出社する前に始発で築地に行ってお寿司を食べたり、ランチ時間帯に職場が近い友達と集まって1時間のランチ会をしたり、深夜に声がかかれば起きてシャワーに入ってから出かけたりと、当然のようにしていました。一日に複数の会食の予定を入れることもざらにあります。食べることが目的ではなく、そこで友達に会うことが目的だからです。

翌日に備えて体調を整える必要もありますが、深夜に出かけるといっても、何日間も連続するわけではありませんから、たまに寝不足の日があったからといっていくらでも乗り切れます。

もちろん24時間をフレキシブルに活動時間に充てるということであって、24時間ずっと寝ずに活動するという意味ではありません。

逆に、翌日に仕事がある日は大人しく早めに帰宅して休みをとるという生活をしていたら、仕事をリタイヤするまでの期間の7分の5は体調を整えて終わってしまいます。翌日に、自分が4年に一度のオリンピックの試合にでも出場するのならまだしも、年に何百回もある出社日のために今を制限していたら、何も世界が広がりません。

また、一つ大きな予定が入ると、その日は他の予定を入れないという考えもありますが、せっかくのチャンスを失ってしまうので、自ら制限を設ける必要はありません。

私は、例えば、東京マラソンを完走した後、そのまま羽田空港に移動して旅行に行くぐらいのことは普通にしています。これに対して、凄いと言われることがありますが、飛行機の移動であればただ寝ているだけでも良く、何も凄いことはありません。

1日24時間の隅々まで予定を入れる習慣を持っていると、そう簡単に人からの誘いに対して、その日丸ごと都合が悪いと返答することはなくなります。

その結果、受けられる誘いは増えますし、必ずフットワークが軽くなっていきます。

そして、普段から友達には、深夜でも連絡をもらえたら30分で駆け付けますと言い回っています。

人からの誘いは内容を聞かずにＯＫする

私は人から何か誘われた時は、内容を一切聞かずにＯＫするようにしています。なぜなら、その内容次第で参加するかどうかを決めるわけではなく、誘ってくれた人と時間を共有できるからこそ参加したいと思っているからです。そして、誘いに対して即断即決でＯＫすることで、その思いを行動で伝えることができます。

逆に、この日空いているかと聞かれて、どんな内容なのか、メンバーは誰か、予算はいくらか等と散々聞いた挙句、やはり都合が悪いと断るようなことがあれば、まるでせっかく誘ってくれた相手のことを値踏みしているようです。

特に初めて誘ってくれた相手に関しては、万難を排して応じるようにしています。

情けあるなら今宵来い

自分の都合ではなく、相手が誘ってくれたということを大切にして、行動で示すべきですが、これと同じことを表しているのが、幕末に活躍した高杉晋作が言ったとされている「情けあるなら今宵来い。明日の朝なら誰も来る」という言葉です。

意味は「本当に同志なのであれば、今夜駆け付けてくれ。明日になってから来たところで信用できないよ」というものです。

つまり、いくらあなたのことが大切です、仲良くなりたいですと言ってみたところで、安易に時間がないだとか、内容的に興味がないとでも言うかのように断っていたら、本当に相手への興味を伝えることはできませんし、逆に相手から興味を持ってもらって信用されることもありません。

私は、相手からの誘いは、即断即決でＯＫし、もし時間的に合わなくても24時間のうちで可能な時間枠を全て提案するようにしています。

仕事を理由にプライベートの約束を断らない

世の中では、プライベートよりも仕事の方が大切で、急に仕事が入ったのであればプライベートの約束を断っても仕方がないという考えが存在するように思います。

私も以前、仕事は当然にプライベートよりも優先されるものだと思い込んでいました。

私が弁護士2年目の時、少し先の休日に事務所内で行われるゴルフコンペに参加申し込みをしていたところ、事務所の仕事が入り、参加できなくなってしまったことがありました。そこで、取りまとめをしてくれていた先輩弁護士に、仕事が入って参加できなくなりましたとお伝えしたところ、「何を仕事なら当然断ってもいいかのようなメールをしているの？」と怒られてしまいました。

この時、私は、「楽しみにしていたゴルフを欠席にしてまで休日に事務所の仕事をして偉いね」と褒められるだろうくらいに考えていて、ゴルフコンペの参加をキャンセルしてしまうことは当然に仕方ないものだと思い込んでいました。

それが、この時、先輩から怒られてはっと気が付き、衝撃が走りました。

確かに、私と約束をしてくれた相手からすれば、単に約束をしていたことを破られたという結果でしかなく、その原因が私の仕事なのか他のことなのかは相手には一切関係ありません。

もちろん、私がいくら仕事を頑張ったところで、相手には1円も入るわけではありません。それにもかかわらず、仕事が理由であれば相手との約束を破ったり断ったりしても許されるだろうと思っていたのは、完全に自分中心の考え方であることに気が付きました。しかも、相手だって、仕事の予定を調整した上で私との約束をしてくれているのかもしれないわけです。

この出来事以来、仕事だからといって簡単に相手との約束を破ることはなくなりましたし、お誘いを断る時も仕事があれば断るのが当然だとは思わないようになりました。

実際に仕事の予定で時間が確保できなかろうが、いかに重要なポジションに就いていようが、そんなことは相手には一切関係ないからです。こう考えていれば、人との約束、人からのお誘いを一層大切に思えますし、実際にどうしても約束を破らざるを得ない、誘いを断らざるを得ない時でも、本当に申し訳ないという気持ちが相手に伝わるはずです。

一期一会を大切にする

一期一会という言葉はよく使われていますが、これは偶然出会った人との出会いそのものを大切にするという意味ではなく、偶然出会ったこの瞬間を大切するという意味で意識しています。さらに言えば、一期一会とは、裏を返せば、次回はないという意味だと捉えています。

つまり「今日の出会いは一期一会だから、是非また会いましょう」ではなく、「今この瞬間が一期一会だから、是非今から一軒行きましょう」と言うようにしています。

例えば、誰かに誘われた時に、少し忙しい、少し疲れているからといって、また空いている時、また元気な時に誘ってくださいといくら言ってみたところで、同じ誘いが自分の都合の良い時に再びやってくるわけではありません。

相手にとっては、今都合が良いからこそ今誘ってくれているわけですから、この1回しかありません。同じ誘いが、少し条件が変わってやってくることはありません。改めて自分の都合の良い機会が来るのを待つのではなく、今そこに自分が合わせていくようにしています。

私は、六本木ヒルズにある六本木ヒルズクラブという会員制クラブのメンバーになっているのですが、このクラブでは、メンバーとその友達に限定したメンバーズパーティーが年に一度開催されており、私も毎年参加しています。そして10年前くらいにこのメンバーズパーティーに参加した時、ある年上の男性と知り合いました。彼は趣味が豊富で、いろんな面白い体験、知識を聞かせてくれ、彼の周りには人だかりができていました。

そして、パーティー終了間際に、彼から私や周りにいた人達に対して「この後誰かもう一軒行かない？」と声をかけてもらいました。しかしこの日は、日曜日の夜でパーティー終了が22時だったこともあり、他の人達は明日からまた仕事があるからということで帰っていきました。

しかし、私は、「今断った場合、次に自分の都合の良い時に再び誘ってもらえる保証なんて一切ない。でも今は現に誘われていて、自分さえ『Ｙｅｓ』と言えば一緒に時間を共有することができる」と考え、ご一緒させていただきました。

そのおかげで、ほんの1～2時間でしたが二人きりでお話しさせていただくことができ、この時に仲良くなれたおかげで、今でもずっと可愛がってもらえています。ちなみに、私が経営するレストランのシェフも彼から紹介してもらった人です。

彼に、後から話を聞いたところ、多くの人は、口では「是非また遊んでください」と言うものの、本当に行動で示す人は凄く少ないと仰っていました。

今という機会はもう二度とやってきませんが、これはもちろん仕事でも同じです。仕事をお願いされたのに、今は忙しい、今は体調が悪いと言っていては、次に自分の都合が良い時にまたお願いしてもらえることはありません。今、目の前にある機会を逃してしまわないようにしています。

一度会った方には自分から連絡をする

仕事の場で名刺交換をした人に対しては、「今日はありがとうございました」と連絡する機会が多いと思いますが、私はプライベートでも同じように自分から連絡しています。

特に比較的大人数の集まりで知り合った人については、自分のことを覚えてくれた可能性はないと思って、できる限りその日のうちに、記憶喚起してもらえるように一緒に話した内容や自分の服装の特徴等を交えて挨拶連絡をしています。弁護士になり立ての頃は、年齢的に今より若くて自然にがっつき易かったこともあり、わざと少しだけ変わったネクタイをしていって、それを後から思い出してもらえるためのポイントに使っていたこともあります。

少し打算的ではありますが、とりたてて大人数の会やホームパーティーの主催者の方であれば、これからもそういった友達作りの場に呼んでもらえるように、自分から挨拶、連絡するだけでなく、一度お礼をさせてくださいということで、場合によってはその人の職場近くでのランチを提案することもあります。そうすることで、ただ名刺交換するだけのその他大勢の参加者と違って、少しは覚えてもらうことができ、運が良ければ次に繋がることもあります。

そして人脈はおとぎ話のわらしべ長者のように、次から次へと繋がり、友達の輪が広がっていきます。

ただ、一定のところで広がりが止まったと感じることがあります。その時は、自分の現在の魅力で誘ってもらえる場がそこまでということなのだと思います。ですから次は自分の魅力を上げ、また新しい場に誘ってもらえるようになり、という繰り返しでどんどん人の繋がりを広げていくことで、より魅力的な友達と出会え、より楽しいことを共有できるようになっていきます。

当然、このようなネットワークが広がれば、仕事に繋がることもあります。むしろ、最初から仕事の付き合いが生まれることなんてないのではないかと思います。

まずは人対人としてお互いに興味を持ち、何かしらリスペクトできる面を見つけ合って、互いに惹かれていった結果、仕事に繋がるのだと思います。

私が直近で取り組んでいる、または取り組む寸前の仕事として、ファッションブランドの立ち上げ、ファンド運営、サプリメントの製造販売等がありますが、いずれも友達関係から始まった仕事です。

心のフットワークを軽くして、好きになれるかもしれないものに挑戦する

しつこいですが、新しい未経験のものに挑戦するということは本当に大事で、私が自分なりに一定の成功を収めることができたのは、仕事に限らずどんな未経験のものにも一旦挑戦してみるというフットワークの軽さがあったことが最も大きな要因でした。

フットワークの軽さと言っても、「体」と「心」のフットワークの軽さの二種類があります。

例えば、当日にいきなり大好きな友達に呼び出されても遊びに行く、というようなものは、どちらかと言えば体のフットワークの軽さです。

自分がすでに好きなもの、楽しいと思えているものに積極的に参加していくことは、心理的な負担よりは、物理的に体を動かしていく負担を乗り越えるフットワークの軽さが重要になってきます。

もちろんこれも大切ですが、もっと大切だと思うのが、心のフットワークの軽さです。つまり、新しいものに挑戦すること、好きかどうかわからないけれど、好きになれるかもしれないもの、好きになれる可能性のあるものに、一旦挑戦してみるという心のフットワークの軽さがとても大切です。

私が司法試験を目指そうと思ったのは24歳になってからでした。それまでまともに法律の勉強をしたことがなく、家族や親戚にも弁護士はおろか法律を扱う仕事をしている人もいませんでした。

そのため、弁護士や法律というものについて話を聞く機会もなく、法律が好きとも嫌いともわかりませんでした。しかし、何となく好きになれるかもという程度の期待感から、試しに法律の勉強をしてみたところ、すっかり好きになり、弁護士になるきっかけとなりました。

冒険家グランドスラムに挑戦するまでになった冒険についても、昔から登山や冒険が好きだったわけではありません。35歳にもなってから、もしかしたら好きになるかもしれない、ハマるかも、もし好きになれなくても、一度の登山が無意味だったとなるだけでリスクもないなと思いついて挑戦してみました。

すると、すっかりハマってしまい、人生で振り返って思い出せるような大きな経験、思い出を作っていくことができています。

これからも、すでに好きだと思えるものだけではなくて、好きになれるかもしれないこと、さらに言えば、絶対に好きになれないとは言い切れないものは、積極的に挑戦していきます。

偏見を持たずに、必ず一度は試してみる

さきほど六本木ヒルズクラブで出会った年上男性の話をしましたが、彼からは多くの趣味の楽しみ方を教えてもらいました。例えば車についてです。

私は当時、車に一切興味を持っていませんでしたが、その状態で、彼から「車は何か乗らないの？　特に高級車なんてどう？」と聞かれました。

そして、私はとっさに「車なんて都内では不要ですし、高級車はコストが高いですよね」と反射的に言ってしまいました。

これに対して、彼からは「乗っていないのにどうして都内で不要かどうかわかるの？それに高級車って本当にコストが高いの？」と聞き返されました。

この時、私は何を試したこともないのに、偏見で勝手なことを言っているのだと、はっと気が付きました。こういう偏見があればあるほど、実は得られたはずの楽しみや経験を

失っているかもしれないと思いました。

そして、彼からは、「当たり前だけど、車というのは単に乗り物としてあるわけではなく、車を乗ること自体を楽しむ人も沢山いるわけだから、公共交通機関が発達した東京なら不要とも限らない。さらに乗った時の楽しさは車によって異なり、例えば普通車は乗らないけれどスポーツカーだけは趣味で乗っているという人もいる。そういうものを試したこともないのに、楽しいか楽しくないかなんてわからないはずだよ」と言われました。

まさにそのとおりです。しかもさらに聞いてみると、車は大切に乗っていれば、自分が乗った後に中古で販売することもできると。例えば、新車で400万円くらいの国産車を買い、5年間乗って中古で販売したらせいぜい200万円にしかならないかもしれない。しかし、高級外車のスポーツカーだと中古市場ではある程度値段が下げ止まるため、例えば1000万円で買った中古車を5年後に売ったら800万円で売れたということは凄くよくあることだと。これなら実質的なコストはどちらも5年間に200万円で、実は差がないということもあるのだと。

さらに、高級車のシェアサービスもあり、車を丸ごと所有するコストに比べたら遥かに安いコストで複数の高級車を乗り比べてみることもできる。それで試してみて気に入れば買えばいいし、気に入らなければそこで初めて車には本当に興味がないのだと思えばいいと。試したこともないのに、不要だと言ってしまうのはよくないと。

まさに目から鱗で、自分の偏見を恥じると共に、彼からのアドバイスを忠実に従ってみたいと思い、この日、帰宅したらすぐにインターネットで高級車のシェアサービスを調べ、その日のうちに入会希望連絡をし、3日後には契約をしてきました。

これだけ素早く実践したことについて、彼からも凄く面白がってもらえて、これ以降も今に至るまで可愛がってもらえているという効果もありました。

そして、実際にフェラーリやランボルギーニを乗り比べたり、そういったスポーツカーだけで走るツーリング会に参加したりしましたが、3年程で飽きてしまい、今では乗らなくなってしまいました。ただ、これも実際に試したから言えることです。

趣味であれば、いざ試してみて失敗しても、問題になることはほとんどありません。ですから偏見を持たずにどんどん新しいことに挑戦していき、そこで得た成功体験や知識を今後の人生に活かしていきます。

二者択一ではなく、多くのことを同時に試してみればいい

私は24歳くらいまではともかく野球が好きで、しかもプレイヤーとして楽しみたかったので、土日はいつも野球に時間を使っていました。

そして、その頃は、新しい趣味に誘われても、野球があるからやらないとか、新しいことに時間とお金を使うくらいなら野球をしたいと思って断っていました。

しかし、今になって、好奇心と積極性さえあれば、いくらでも時間は作れるはずで、二者択一ではなくて、面白そうなものは同時に複数のことを試していけばいいと思うようになりました。

そして今では、レストラン巡り、登山、ライブ観戦、人狼ゲーム等と次から次へと以前はしていなかった趣味が増えていき、それに伴って新しい友達もできました。

多くの趣味に挑戦しているうちに、美容室を複数店舗経営していて、私とは複数の事業を共同経営している高橋一成君と「美容師弁護士」というコンビを組み、お笑いにも挑戦するようになりました。自分達でネタの台本を作成し、自宅や公園で練習して、さらに駅前で路上漫才もしています。もちろん『M-1グランプリ』にも出場し、主催のお笑いライブもしています。

しかし、実際にやってみて、いかにお笑いが難しいかがよくわかりました。

台本の作成にしても、人が作ったネタにケチをつけることは簡単かもしれませんが、ゼロから作り上げるとなると、得てして、過去に見たことのある他の人の漫才に似通ってしまい、オリジナリティのある台本を創作することは本当に難しいです。

路上漫才をしたと言いましたが、素人がそんなことをやったところで、足を止めてくれる人なんて友達以外には一人もいません。舞台でも、面白いか面白くないかの前に、観客席にいるお客さん達にはっきり聞き取ってもらえる大きな声で滑舌良く丁度良いテンポで話すだけでも、トレーニングをしていなければ無理です。

また、暗記して何回も練習した台本を、自然の会話のように話すことも本当に難しく、演技力も問われます。芸人さんが、歌や演技が上手な理由がよくわかります。

これらは自分で挑戦してみて初めてわかったことです。私は元から芸人さんのことが好きでしたが、改めて芸人さんのことを簡単に面白くないだなんて絶対に思いませんし、いわゆる一発屋に関しても、脚光を浴びるために何をどうすればいいのか全く想像もつかない凄い世界で少しでも成功したことは本当にとんでもないことだなとひしひしと感じました。

このように、ただ観客として観ているだけではなくて、当事者として挑戦してみることで、一層楽しめるようになっていきます。

一流に触れてみる

仕事で一流の人と関わろうと思えば、自分も対等に一流でないと難しいことが多いように思います。

しかし、趣味であれば、誰でも少しお金を出せば、消費者として一流に触れることができます。

例えば、1万円出せば、都内でも大抵のレストランでランチが食べられます。ランチで1万円というと、それだけで非常識に高いと思ってしまいがちですが、別に毎日行くわけではないですし、また単に空腹を満たすために行くわけではなく、一流のレストランで美味しい食事と素晴らしいサービスを受けるという経験のために行くのです。月に一度、1万円のランチを食べに行くぐらいであれば、学生のバイト代でも可能なはずです。

他方、例えば、さほど着る当てもない洋服を何となく1万円で買ってしまったとか、夜に飲み会に行ってそのまま惰性でカラオケに行って帰ってきたら財布から1万円が無くなっていたとか、ギャンブルで1万円負けてしまったとか、このような1万円の使い方であれば特別な経験にはなりません。

それよりは、1万円でランチを食べる経験の方がよほど希少ですし、そこで感じた一流が自分の感性として蓄積されていきます。

ちなみに、将来のためにせっせと貯金をすべきという考えがありますが、私は絶対にやめた方がいいと思っています。無駄遣いする必要はないので、知らず知らずのうちに貯まってしまうものは仕方ありませんが、将来の自分のために、今の自分を犠牲にすべきではありません。何十年後かに使うために1万円を貯金するのではなく、今1万円を使えば、それは経験として思い出として人柄として、今の自分に蓄積され、時と共に熟成されていきます。

レストラン以外にも、アート、音楽、スポーツ等も、誰であっても、1~2万円も出せば体験ができる一流ということで、お勧めです。趣味の場で、ただの消費者や観客だからこそ、誰でも触れられる一流を体感し、そこで磨いた感性は仕事にも活かしていくことができます。

全力で熱中する

仕事以外のことに対して、仕事ではないからといって手を抜いていては、本当に情熱を注いで心から楽しむことはできません。むしろ、仕事だと本当に自分が心から好きで選んだわけではない仕事が含まれることもあるでしょうけれど、趣味こそは自分で選んでいるわけですから、仕事以上に全力で取り組めるはずです。仕事も趣味も人生を楽しむツールに過ぎないわけですから。

私は食事が好きですが、とてつもないパワーと情熱をかけて国内外のレストラン巡りをしています。

例えば、フランス全土にある評判の良いレストランを回っていた時、フランスは地方にそういったレストランが点在しているため、レストラン間の距離が何百キロも離れていることがよくありました。ですから、ランチに一つのレストランで食事をした後、数時間ドライブして次のレストランに移動して夕飯を食べ、近くのホテルで寝た後、翌朝からまた数時間ドライブしてランチ、さらに数時間ドライブして夕飯といった行動を何日間も繰り返すようなことは日常的にやっています。

昼も夜もフレンチフルコースを食べることもあり、お腹を空かせるために一日に朝昼晩と分けて20キロ以上歩くこともあります。歩く時は歩く時で、私は好きなポケモンGOをやり続けているので、一日中、指をくるくる回して手首が腱鞘炎になりながらも、町中を練り歩いています。

高級レストラン以外の食べ歩きでも、例えばわらび餅が好きなので、京都に行った時は、数日間で10軒20軒を食べ比べすることがあります。

これだけ短期間に大量のわらび餅を食べて追求すると、細かい違いが分かってきますし、わらび餅にかなり詳しくなり、楽しみが広がります。こうやって趣味で得た追求心は、そのまま仕事に活かすことができます。

趣味だから適当にふわふわやっておこうという気持ちは一切ありません。だからこそ全力で熱中してのめり込むことができます。

趣味に命を懸ける

先ほどは、趣味に全力で熱中するという話をしましたが、さらに文字通り趣味に命を懸けることすらあります。仕事に命を懸けるという人は結構いると思いますが、楽しみや生き甲斐に取り組むという意味では趣味でも変わらないはずです。

むしろ、趣味の方が最悪何かあっても他人や社会に迷惑をかける範囲が限られている分、よりギリギリまで挑戦できることもあるかもしれません。

私は冒険家グランドスラムに挑戦していますが、中にはまさに命懸けの挑戦と言えるようなものもあります。ちなみに、例えば冒険で遭難すれば他人に迷惑をかけるだろうと批判する人がいますが、私が挑んでいるのは許可制の山ばかりで、入山料や国立公園管理料に加えて、十万円単位の保険料を支払った上で挑戦しています。レジャーのシステムとして、多数の人が参加すれば誰かが事故を起こしてしまうことが想定されていますが、それを全員から徴収した費用で賄うことが予定されています。

2016年2月にロシアにあるヨーロッパ最高峰のエルブルスに挑戦した時は、真冬での登山だったため山肌が凍ってガチガチになっており、斜面が巨大な氷の滑り台のようになっていました。そのため、一度転んでしまうと自分では勢いを止められずに何百メートルも転がり落ちてしまいます。実際、私が山に入る1週間前には2人の登山家が滑落により死亡していました。

2018年5月に世界最高峰のエベレストに挑戦した時は、ベースキャンプよりも高く登る登山者は許可証を取る必要がありますが、その許可証を取った350人のうち1・5%にも当たる5人が亡くなりました。最終キャンプ地は7900mにあり回収できずに放置された遺体もありました。

このような状況下でも登山をし続けてきました。特にエベレスト登頂の際には、登頂するか死ぬかの二択で構わないと本気で思っていました。何本か指を失うぐらいであれば完全に想定の範囲内だと考えていました。もちろん、実際に死に直面したら、動物的な本能で死を避けたいと思うはずですが、人間的にはそれだけやりたいことに挑戦して自己実現できているのだから、命を懸けるに値すると思っていました。

それでこそ、本当に社会や他人からの評価を完全に削ぎ落とした自分の価値観を再認識して一層明瞭に画定、確定できると思ったからです。そしてそれは、自分の価値観に殉死することであり、本望だと考えていました。

命を粗末にしてはいけませんが、命はただ長生きするためではなく、人生を謳歌するためにあるものです。そのためであれば、時として、命を懸けるという程の覚悟が湧いてしまうこともあるのだろうと思います。何かあったとしても、それも人生の一部だと思っています。

エベレスト登頂後、辛い時をどうやって乗り越えたのかという質問を受けることがありますが、客観的に辛い状況に対して主観的にどう思うかは切り離されています。そして、どれだけ過酷な状況でも、それが覚悟の想定の範囲内に収まっている限りは、さほど大変だとは思わずにやり切れるのだと思います。

精神的にも肉体的にも過酷な状況を、本心から命を懸ける覚悟で越える経験ができたことで、今後、どんな困難や恐怖も乗り越えられるはずです。今後の新しい挑戦には、一層刺し違える覚悟で臨むつもりです。

人生が10回あればやってみたいことをする

学生の頃、人生が10回あれば一度くらい、学校も仕事も何もかも辞めてしまって、世界中をずっとバックパッカーで旅してみたいな、なんて思うことがありました。

でも、人生は一度きりですから、全てを放り出して旅に出てしまうのは少し躊躇してしまいます。

しかし、よく考えてみると、いろいろな挑戦の多くは、時間の幅で言えば、人生の全てを賭けなければならないわけではなく、例えば、5年10年を一区切りとして一つのことに熱中できれば、その中で十分な成功が得られることもあります。

人生の全てを捧げるという言葉が使われることがありますが、それはある特定の期間において全ての情熱を注ぐという意味であって、長い人生の全ての時間を捧げるという意味ではありません。

例えば、プロサッカー選手だった中田英寿選手は、プロ選手としては約10年の活動期間があり、この間については、まさにサッカーに人生を捧げていたのだと思いますが、29歳で引退し、その後は実業家として様々な活動をされています。

このように、人生でたった一つのやり甲斐を見つけて一生を捧げるというような考えではなく、もう少し間口を広げて、「人生が10回あれば一度くらい挑戦してみてもいいかな」くらいに思えるものに、思いっきり熱中してみようと思うようになりました。

これから挑戦するものが、10年先20年先も同じようにやり続けられるものかどうかを考える必要はありません。そして、時として、それらは同時並行に挑戦していけばいいのだと思います。

私は29歳で弁護士になり、今で約10年が経ちます。もちろん、客観的に弁護士として昇り詰めたわけではありませんが、自分の中では一定の満足を得られたので、弁護士業を辞めるつもりでいます。そして、空いた時間と情熱を、全く別の新しいものに注いでいこうと思っています。

せっかくある程度基盤を築いた仕事を手放すのはもったいないという考えもあるかもし

れませんが、一番もったいないのは、限られた時間を本当に自分のやりたいことに注げないことです。

もちろん、たった一つのことを生涯通して太く熱く取り組んでいけるのであれば、それはとても素晴らしいことです。ただ、一度やり始めたらその一つだけで一生を遂げなければいけないという時代でもないわけですから、もう少し広い選択肢の中から熱中できるものを探してみると、その対象が見つかることもあります。

ちなみに私は人生が10回あれば、一度くらい水商売で生活してみたいなと思うので、弁護士になってからホストクラブで無償のお手伝いアルバイトをしたこともあります。私はお酒が飲めないのですが、それでも雇ってくれるホストクラブを探して、歌舞伎町と六本木のホストクラブに面接に行きました。

理由も経緯もきちんと話した上で、それでも雇ってくれる店を探したところ、六本木にあるホストクラブで採用されました。

結局、出勤できる回数が店からの最低条件と合わずにすぐに辞めてしまいましたが、一度やってみたい経験ができたことは凄く有難かったです。

また、寿司職人についても、実際に専門学校に通ってみた結果、本当に自分が職人としてやってみたいと思えば、さらに修業を続け、自分の店をオープンしてみてもいいですし、改めて現場の知識を得たことで寿司屋の経営をしてみたいと思えば、誰かを雇ってみてもいいかもしれません。

あるいは、仕事にはしないという判断に至ったとしても、現場のことをさらに知れたことで、これまでのレストラン巡りがさらに楽しいものになるかもしれません。

また、全く別の起業をしてみたいという思いもあります。すでにいくつか具体的な事業アイデアがあり、一つずつ試していくつもりです。

例えば、光本勇介さんの『実験思考』(幻冬舎)という本の特典で、書籍代を後払いとして1000万円支払えば、これを元手に一緒に会社を立ち上げてもらえるというものがあり、これにも応募しています。

私は、お金はクーポン券であって、何かに引き換えて初めて意味があると思っているので、面白そうだなと思えば思い切って課金します。

何せ、この書籍代後払いというアイデアなんて、聞いてしまえばそんなものかと思うかもしれませんが、これまで誰もやったことのないことをゼロから考え出す創造力と、実際にそれを現実化する実践力、さらにそんなアイデアを潰さずに応援できる革新的な組織がそれぞれ機能していないと起こりえないものです。非常に興味があります。

ちなみに、こういった挑戦について、お金があるからできるのだと思われるかもしれませんが、例えば寿司職人であればYouTubeを見て無料で勉強することだってできます。どうしてもまとまったお金が必要な場合にも、今ではクラウドファンディングもあります。何なら、良い事業アイデアがあれば私に提案していただければ、私の出資で一緒に事業の立ち上げをさせていただきます。

このように、次から次へと新しいことに挑戦していこうと思います。

肩書に縛られない

自分の肩書に縛られずに新しいことに挑戦してみることを大切にしています。

例えば、私がレストラン経営をしたり、モデル事務所経営をしたり、あるいはメディア活動でテレビに出たりしていると、「弁護士業の集客に繋がるのですか？」と聞かれることがあります。また、この本についても、弁護士業の営業目的で出版していると考える人がいるかもしれません。

ですが、私は、弁護士や経営者である前に、一人の人間として成立しており、単に自分が楽しいと思えそうなこと、一度取り組んでみようかなと思えることに対して、挑戦しているに過ぎません。それらが、弁護士という肩書に対して、どのような効果があるかといった打算的な考えは一切持っていません。

むしろ、「自分は弁護士である」と、肩書を意識して自分の立場を限定してしまうと、その枠を外れる挑戦のことを初めから選択肢に入れなくなってしまいますし、世間もこの人は弁護士なんだという以上に個人としては評価してくれません。ですから、私は、弁護士資格を一つの要素として持っているだけで、弁護士という人間として完結しているという思いが全くありません。

肩書は、自己紹介や形式的なグルーピングをする際に一応は便利ではありますが、一度得た肩書をずっと貫き通す必然性はないですし、執着する必要もありません。運良く、一つの肩書を貫き通すことで満足していけるならそれはそれで良いですが、私はいろんなことをしてみたいので、肩書に縛られずに新しいことに挑戦していきます。

本業を定義せずにマルチタスクで挑戦する

さきほどの話と似ていますが、自分の本業が何なのかを定義しないようにしています。

私は、弁護士という資格があり、実際に弁護士業をしていますが、他にも不動産投資、レストラン経営、モデル事務所経営、人狼ゲーム店舗経営、健康麻雀店経営、ファッションブランド経営、タレント、冒険家、MENSA会員、物書き、寿司職人専門学校生、ベンチャー起業家、投資家、グルメおじさん、婚活こじらせ男子等をしており、無理やり名付ければ大渋滞するほどの肩書のようなものがあります。

そうすると、本業は何なのかと聞かれることがあります。おそらく弁護士業のことを言っているのかなと思うこともありますが、業務時間で言えば、今では月に数時間しか弁護士業には時間を費やしていません。また、収入で言っても、今では弁護士業が一番大きな収入源ではなくなっています。

こう考えると、そもそも本業を定義することに意味がなく、むしろ定義すべきではありません。なぜなら、本業という概念を用いるということは、それ以外は副業、つまり主として熱中しているものではない仕事として扱うことと同義だからです。

本業、副業、あるいは、そもそも仕事と趣味さえ区別せず、楽しく熱中できることをマルチタスクで取り組んでいけばいいのではないかと思っています。

こう言うと、収入がなければ生活にならないと思われるかもしれませんが、現代では熱中できるものをお金に換える方法はいくらでもあります。そしていろんなことに挑戦して、自分に蓄積させていけばいくほど、結果的にビジネスになる機会も増えていきます。

過去のキャリアとの連続性を考える必要はない

現在熱中する対象を探す時に、過去の自分のキャリアとの連続性を考える必要はありません。なぜなら、今から全く知らない新しいことを始めたとしても、十分にそれを成功に導くことができるからです。逆に、過去のキャリアにこだわり過ぎると、過去の自分を正当化するために現在の自分を費消しかねません。

例えば、高校や大学で文系の科目を中心に勉強してきた場合に技術系の仕事に就くのは躊躇しそうになりますが、元々学生時代の勉強で得られた知識など高が知れています。今から数年でも一生懸命勉強や仕事に取り組めばすぐにそれ以上の知識を得られるわけですから、過去のキャリアとの連続性は問題になりません。

私は受験科目の中では理系科目が得意で、高校の時は理系クラスに所属し、大学は工業大学の工学部に進学しました。そのため、就職先としても理系と言われるような職業に就くべきなのではないかと思い込んでいました。しかし、実際、24歳から法律の勉強を始めても、3年で司法試験に合格できる程度の知識は身に着けられました。その後、弁護士になって5年で日本一稼ぐ弁護士になることができました。

このように、これまでの経歴が無駄になってしまうとか、昔からやっている人に勝てないと思う必要はありません。大抵のことは、今から一から始めたとして、3年でも5年でも熱中して取り組めばその分野での知見を得られ、十分に成功する可能性があります。

むしろ、自分の性格や価値観、周囲の環境、世の中は時間と共に変化していくわけですから、同じことをやり続けることの方が不自然な場合も多いはずです。自分も世の中も日々変化していく中、同じことをやり続けようとすれば、実は興味ないことや向いていないことを薄っぺらくやり続けてしまうことさえあります。

それよりは、その時その時で本当に興味のあること、本当に自分に向いていること、本当に世の中から必要とされていることに熱中していけばいいのだと思います。

そうして、重ねていった過去の経験は、人柄に蓄積されており、全く違うものに熱中することになったとしても、必ず次の挑戦に活きてくるものです。

先入観を持たない

先入観を持たずに新しい物事に挑戦してみることはとても大切です。なぜなら、挑戦の前後では前提となる情報の量と正確性や具体性が全く異なるため、挑戦前に感じているイメージと、実際に挑戦した後での認識では全く異なることが多いからです。

私は、行政書士の勉強に挑戦してみようと思った時、行政書士試験ならもしかしたら合格できるかもしれないけれど、司法試験については合格するなんて到底無理だと思い、選択肢にすら入れていませんでした。なぜなら、当時の私は全く法律の勉強に無知で、司法試験と言えば、六法全書を丸暗記しなければいけない程の膨大な記憶力が求められると思い込んでいたからです。今でもいろんな人から、「司法試験に合格するには六法全書を全て暗記しなきゃいけないのですよね」と聞かれることがあるので、こういったイメージを持っている人は結構いるのだと思います。

でも、実際に経験してみると、むしろ行政書士試験の対策は暗記しなければならないところが多く、私は2回受験して2回とも不合格になってしまいました。他方、司法試験については丸暗記しなければいけない箇所はとても少なくて、ほとんどが基礎的な知識と理解力、応用力で対応できるので、1回の受験で合格することができました。

それまで勝手なイメージで思い込んでいた条文の丸暗記なんて一度もしたことがありませんし、そもそも司法試験には条文が書かれた試験用の六法を持ち込むことができるので制度的にも不要です。さらにいえば、六法全書なんて見かけたことすらほとんどなく、そもそもあのイメージはどこから来ているのか不思議なくらいです。

また、司法試験は何年も勉強しても受からない難しい試験だと思われることがありますが、全くそんなことはなく、実際に合格している人の大半はせいぜい2、3年の勉強期間の後に1回目の受験で合格しています。

また私は、MENSAというわゆるIQが高い人達が属することができる団体に所属しています。そして、MENSA会員と言うと、何か特別に選抜された人達かのように思われることさえありますが、実際は毎月のように主要都市で入会試験が開催されており、それに合格すれば誰でも会員になることができる私的サークルのようなものです。そしてその試験も、格別に難しいわけではなく、インターネット掲示板で合否報告をしている人の割合を見てみると、合格率は5割以上ありそうな印象です。

先入観という話では、私がＴｗｉｔｔｅｒ上で、私の自宅に居候する人を募集してみたところ、多数の人から批判をされたことがありました。居候なんて犯罪の臭いがするだとか、モラル違反だとか、若くて綺麗な女の子を連れ込みたいだけだろうといった批判でした。また、私がとある女性からダイレクトメッセージで居候申込をもらい、その際の個人情報を晒したみたいに批判されたこともありました。これは元々この女性が嫌がらせで私に架空のメールを送ってきて、それに返信したところ、いきなり私からのメールを晒して煽ってきたため、私も対抗言論で同じことをしてしまったという経緯があったのですが、私を批判したい人達は私の批判ポイントだけを一生懸命煽るという状況でした。

このように居候募集の企画はいろんな形で批判されたのですが、そもそも居候とは、言葉を変えただけで、全世界で普通に行われているホームステイと同じことです。一般にはもう少し年配の人が募集していることが多いですが、本質的には、家主が余裕のある空間や時間を使って、他人を招き入れて一定期間一緒に共同生活をすることで、異文化交流をするという点では何も変わりはありません。

もちろん、宿泊料は無料を前提に考えていたので旅館業法に反することもありません。ましてや、そもそも完全に私の私的領域である自宅に、自ら承諾した人が住み込むのであれば、それが女性だろうと何だろうと他人から批判される理由は一切ないわけです。

それを、何となく見慣れない言葉や活動というだけでアレルギー反応を起こして反射的に批判してしまうのは、まさに先入観と偏見の塊になってしまっており、新しい楽しみに挑戦することなどできなくなってしまいます。

ちなみに、居候募集を思いついたのは、のぞきニーズのことを考えたからです。光本勇介さんも世の中にはのぞきニーズがあるというお話をされています。のぞきというとすぐ犯罪だと思い込んでしまう人がいますが、のぞかれる人が了解した上で、公然わいせつなどにはならないような形のモデルを組めば何も問題ないわけです。

もし居候の人達が私の自宅で共同生活をすることを面白く感じてくれるようになってきたら、了解の下、それを少しずつSNSで発信していくつもりです。それがもし発展すれば、例えば共有リビングについては常にライブ映像を撮影してインターネットで流し、居候の人達は特別にプライバシーが必要となる時以外はリビングで活動してもらうルールにすれば、その様子をのぞいてみたいというニーズを掘り起こせるかもしれないと考えました。お手製の『テラスハウス』のようなものができるかもしれません。もちろんうまくいくかどうかはわかりませんが、こういう新しいことを考えて試してみることで、新しい楽しみが生まれていくのだと思っています。

特に、日本は単一民族で移民も少なく、新しい考え方や異なる文化を受け入れるということに全く慣れていません。私は、海外の特定場所での長期居住経験はないものの、ここ数年は年の3分の2は海外のあちこちを旅して生活していますし、これまで130国以上を旅したり、登山でも外国人と1〜2ヵ月単位で共同生活したりしているのでよくわかりますが、世界中では、周囲にいる人が自分と全く異なる文化や価値観を持っていることなどわかりきっていることなので、いちいち興味も持たないし、批判をすることなど有り得ないわけです。

考えてみてください。日本はみんながドングリのように同じような恰好をして会社で働いているから、ちょっと変わったスーツやネクタイをしているだけで注目されたりします。

しかし、もし右に座っている人がアフロヘアーで全身黄色の格好をしたアフリカ人で、一方左に座っている人はドレッドヘアーで怪しいサングラスをかけて鋲がいっぱい付いた革ジャンを着たヨーロピアンで、それぞれが同じ空間で仕事をしているとしたら、もはや突っ込んでいられません。

このように、もっと多くの経験を積んで、異なる価値観や文化を共有し、そういうものに慣れていかないと、自分でも新しい挑戦ができるようになっていけず、本当に取るに足らないありきたりな活動しかできなくなってしまいます。

私は、こういった様々な経験を通じて、挑戦前に自分が抱いているイメージや、世間で言われているイメージには先入観が多々混じっていることを認識し、自分ではともかく先入観を捨てて実際に挑戦してみることを大切にしています。

成功できそうにない夢や目標を持っても構わない

何かに向かって熱中して取り組むことは、それ自体が、胸が高鳴る充実した毎日を送らせてくれる楽しみになってくれます。

人生を旅に例える話がよくありますが、旅はその都度一応の目的地を設定しますが、目的地に着くことだけでなく、目的地に到達するまでの過程も大きな楽しみです。もし定めた目的地に到達できなくても、また別の目的地を次から次へと設定すればよく、むしろ次の目的地を探して設定することや、いろいろ試行錯誤してみた結果、どの目的地が一番楽しかったかを考えるのも面白いです。

人生も旅と同じように考えればいいと思います。そもそも将来の夢や目標が何なのか、またそれらが成功するかどうかさえ必ずしも重要ではなく、結果に向かう過程、つまり現在の楽しみがどれだけ得られるかが大切なのだと思います。

私は「Ａｐａｓ」（アーパス）というモデル事務所を経営しています。きっかけは北海道出身の友人が、『札幌コレクション』という北海道では最大のファッションショーを手掛けており、彼と、このショーから誕生する将来のスターモデルの子達の受け皿があったらいいねという話で盛り上がったことです。地方から誕生する子達が、いきなり東京の大手芸能事務所に所属しても埋もれてしまうことも多く、少数精鋭で丁寧にケアできる事務所があれば、もっと地方出身の子達が活躍できる場が増えるかもしれないという思いでした。

しかし、モデル事務所と言っても、当初は案件が少なく売上の目途も立たないことが予測され、他方モデル育成費用や宣伝費用といったコストはかかるため、当面は赤字が想定されます。そのため少なくとも数年間の赤字には耐えられるように初期投資額を計３０００万円としました。

最初は共同経営者が発掘していた子を中心に活動を始め、次に今後ますます流行るであろう動画メディアで人気の子に所属してもらいました。さらにたまたま大阪の街中で見かけた母娘の娘さんをスカウトし、今はこの三人体制となっています。特に三人目のスカウトの際には、無名の事務所からのスカウトに親御さんも心配されており、私も何度か大阪まで足を運び、直接母娘さんと会って今後のビジョンをお話しして、ようやく所属していただいたという経緯があったため、彼女が映画やファッションショーの舞台で活躍してくれていたり、会う度に大人っぽくなり、美しくオーラのある女性に成長していっているのを見て、良い縁に恵まれて良かったなと思います。

しかし、まだまだ経験も大した人脈もなく、ビジネスとしては破綻する可能性は往々にしてあります。

それでも、信頼できる友達と同じことを共有して取り組む過程自体が楽しく熱中できる貴重なものなので、結果的に成功できなくても構わないと思っています。

成功するかどうかわからないけれど試しにやってみようというスタンスで始められたからこそ、今では一応、三人のモデルそれぞれが、ファッションショーだけでなく、映画やCM、雑誌や広告に出させてもらえるぐらいに形になってきました。もし、このモデル事務所が成功するかどうかを考えていたら、始めることさえできなかったと思います。

仕事は、自分の人生を様々な角度から豊かにしていくツールであり、挑戦すること自体を楽しむという目的で構わないと考えています。ただ、こうやって楽しみを大切に、物事に熱中して取り組んでいる人の中から実際に成功者が出てくるのだと思います。

仕事と趣味の区別を設けない

仕事について、趣味について、私が日々考えていることをお話ししてきましたが、仕事も趣味やプライベートも、結局は人生を楽しむ一つのツールに過ぎず、本質的な区別はないと思っています。

物事に対して、仕事なのかそれ以外なのかで区別する考え方は、人生を連続性のないコマ単位で考えており、価値観や哲学の統一性がないように思います。また、根底として仕事は義務で嫌なことも含まれていて、趣味は好きにふわっと楽しむものといった価値観があるような気がします。

確かに会社員だと、会社の指揮命令下にあれば仕事で、そうでない場合はプライベートだと、形式的に区別しやすいのかもしれませんが、そのような区別は、会社への従属性を前提に考えた受け身の姿勢のような気がします。

主体的に仕事をし、主体的に趣味に熱中し、主体的に人生を謳歌しようとしていれば、会社の指揮命令下にない時にも仕事に繋がる活動はいくらでも取り組むでしょうし、逆に仕事を通じて趣味が発展していくこともあるように思うからです。

全てのことを全力で熱中して今の楽しみを大切にしていくと、仕事とそれ以外の区別はなくなっていきます。ですから、私自身としては、今やっていることが、仕事なのか趣味なのかをはっきりと区別できるうちは、まだまだ楽しみを重視した熱中の域には到達できていないのかなと考えるようにしています。

ワークライフバランス（work life balance）という言葉があります。これもあくまでも生活と仕事を別概念として扱っている古い言葉です。これからの働き方はワークアズライフ（work as life）。つまり生活や人生の一部として仕事の要素が含まれているという働き方にますます変わっていきます。

こんなことは随分前からいろんな人が言っていることですが、私も含めてまだまだ具体的な生き方は見えてきておらず、むしろこれから世の中の人みんなで作り上げていくものだと思います。それを、まずは身近に一緒に考えて、楽しみを共有できる人を探していきたいと思っています。

自分の、自分による、自分のための人生を大切にする

リンカーン元アメリカ大統領による有名な演説の真似ですが、つまり、自分の価値観に基づく、自分を主体とする、自分を楽しませるための人生を一番大切にしようという話です。

本書ではあれこれと好き勝手なことをお話ししてきましたが、私を成り立たせている凄く大きな要素は、自分による自分への価値観や評価を一番大切にして人生を送っているところだと思っています。

他人の評価を重視したところで、他人は大して自分には興味がない上で褒めたりけなしたりしてくるわけですから、良いも悪いも当てになりません。それよりも、自分に一番興味があるのは自分なわけですから、とことん自分による自分への評価を大切にするようにしています。他人のためではなく、自分のための人生を送るということです。

他人の評価を大切にすることを、空気を読むという言い方をすることもありますが、それは多数派に従うという程度の意味しかなく、何も中身はありません。ましてや多数派が正しい根拠は全くありません。単に多数派に従えば批判されず、少数派になれば批判される可能性が高いというだけのことです。もちろん、頑固であっては成長がなくなってしまいますが、他人の意見についてはオープンに聞き入れ、しかしそれを採用するかどうかは他人と独立した自分の価値観に従って考えればいいのだろうと思います。

仮に自分の価値観が何なのかを見定めて追求せず、安易に多数派に従って世間の空気という実態のないものに流されていることがあるとすれば、その時は内心では薄々感づいているはずです。痺れるような熱狂なんて感じたことがないということに。

これから、ＡＩが発展し、人間が生産することの価値が減っていきます。自分にしか絶対にできない価値は何なのかと考えると、自分の価値観や評価に従って自分を楽しませることなのだと思います。

私はこれからも自分の価値観、楽しみ方を大切にした生き方をしていきます。本書を手に取っていただいた方にもそういう人は多く、またこれからますます増えていくはずです。

これは私が勝手に作った言葉ですが、さきほどワークアズライフという言葉が出てきましたが、さらに仕事という概念もなくなってきて、ライフアズフィロソフィー（life as philosophy）やライフアズアート（life as art）のような、自分の哲学や美学を追求する生活や人生というのが私達を支える一番の指針になっていくはずです。

そんな方々と、どこかでお会いできたらいいなと思います。そして、お互いの楽しみを共有できることがあれば本当に嬉しいです。これはただの願望ではありません。実践です。本書を書こうと思った一番の理由は、少しでも同じ感覚を持った人と繋がるチャンスを増やすためです。ＳＮＳ等でご連絡いただければ、明らかな害意があるもの以外は全てお返事差し上げます。バックパッカーでもレストラン巡りでも人狼ゲームでもビジネスでもその他のことでも、一緒に楽しいことを共有していきましょう。いつかではなく、「今」から。

終わりに

縁あって、数年前から友人として仲良くさせてもらっているクロスメディア・パブリッシングの小早川社長から、ある日「福永君、本を出してみない？」と声をかけていただきました。

私は、自分の好き勝手な価値観に従って生きてきただけです。この話をもらった時、果たして私が誰かのためになるような話ができるのだろうか、と反射的に考えました。

しかし、小早川社長からは、「自分の価値観に従いながらも公私共に大きな成果を挙げているることが、現代を生きる人達にとって参考になるはずだ」と言ってもらえました。

そういうものなのか。他人からの評価を気にせずに過ごしてきたけれど、それが世の中の誰かに役立つのであれば、確かに光栄なことです。とはいえ、平凡な私がこれまでやってきたことなんて、誰でもできることばかりじゃないかとも思いました。ただ、この点についても、「誰でもできることでも、普通の人はやり続けることができない。つまり、誰でもできることを継続していくことが才能なんだよ」と。なるほど。あまり考えたことはなかったですが、私は誰でもできることをやり続けることが得意なのかもしれない。そこから少しずつ、自分のモチベーションを維持し、日々の活動に熱中していくための考え方について、メモに残すことを始めました。

そんな形で執筆活動に取り掛かった頃、本書のタイトル案を見て、驚きました。なんて挑発的なんだと。確かに以前、統計で個人所得としては弁護士で一番高いレンジに入っていた、という話をしたことがあったのですが、これはいかにも読者から誤解されてしまいそうだと。なぜなら、私はお金を稼ぐことをそもそも重視しておらず、ただ、楽しくて仕事をしていたら、今のようになっただけだったからです。

本書のタイトルを一見すると、私が仕事で稼ぐことを重要視しているように見えてしまいますし、それを期待して本書を手に取ってくれた読者からすると、私が持っている考え方からは、期待している情報が得られないのではないかと思いました。

しかし、この点に関しても「ビジネス書はビジネスパーソンの課題を解決するためにある。ほぼ全てのビジネスパーソンは、稼げるものならお金を稼ぎたいと内心では思っている。福永君は自分で意識していなかったとしても、実際に稼ぐことができたのだから、仕事で稼ぐための考え方を沢山持っているはずだ。そしてタイトルとは、本の内容を端的に読者に示すものである」という言葉をもらいました。確かにその通りなのかもしれない。それに、世の中の人にとって何か役に立つ可能性があるのであれば、私が多少叩かれることは全く構わない。

そこで、試しに「日本一稼ぐ弁護士」という言葉をタイトルに入れた本を出版する企画があることをSNSで呟いたところ、主に弁護士の方から散々批判をされました。こんな奴に稼げるはずがない。稼ぐことばかり考えている弁護士はろくでもない。中には、私のせいで弁護士の信用がなくなって困るという人までいました。しかし、日本に約4万人も弁護士がいる中、私程度の無名の人間が何をしたところで、弁護士全体の信用性に影響するはずがありません。ましてや弁護士はその肩書ではなく、自分の名前でクライアントから信頼を得ているものだと思います。また、弁護士会の規程では許されていないという意見もありましたが、この点は東京弁護士会に報告して確認済みです。

こういったやり取りを通じて、社会的にはハイステータスだと言われる弁護士でさえ、今の仕事に熱中したり、自分に満足できておらず、他人の行動を気にして批判してしまうものなのだと気付きました。私を叩いたところで、自分の人生の豊かさには一切繋がらないにも関わらず。

私は「自分の、自分による、自分のための人生」を送る人が増えたらいいなと思っています。そして、そういう人と繋がり、共に楽しい人生を送れるようになりたい。そこからはこの一心で、一気に筆を進めることができました。

私は、いつまでも変化、成長、進化していけるものだと信じています。本書も、私がもっと成長した後に見返せば、なんて的外れなことを言っているのだと感じるかもしれません。しかし、現時点で思うことを精一杯お話ししたつもりです。

私のSNSをご覧になり、日々の活動を見ていただければ、「言うほど大したことないな」「取るに足らない人物だ」と感じる方もいらっしゃると思います。

ただ、だからこそ、こんな私でもできたことは、きっと誰もができることばかりのはずです。本書の中に、何か共感する点や、これからの人生を送る上でのヒントを見つけてもらえたとしたら、著者として本当に嬉しいことです。

最後になりますが、本書の執筆に際して特に協力してくれた友人達として、ベストセラー作家でもある中山祐次郎君夫妻、我が家に以前からいる居候の向田光地君、Ｔｗｉｔｔｅｒで本書ドラフトの感想をほしいと募集したところ連絡をくれ、何度も細かいコメントをくれた渡部雄輔さん、同じ弁護士として仲良くしてくれている小澤真吾君と岩崎祥大君、本書のキャッチコピーについて具体的な案をいくつもくれたコピーライターの石川北斗君、そして本書の編集を担当していただいた株式会社クロスメディア・パブリッシングの高橋孝介さんと、今回のお話をくれた小早川社長、そしてその他友人の方々に多大なる感謝を申し上げます。みなさんのご協力がなければ、本当に本書を世に出すことはできませんでした。

本書の中に理解不明な箇所、誤りや、どなたかの気分を害してしまう点があったとすれば、全て私の責任です。

最後までお付き合いいただき、本当にありがとうございました。

【著者略歴】

福永活也（ふくなが・かつや）

弁護士・実業家・冒険家。名古屋工業大学を卒業後、24歳までフリーターとして過ごす。その後、関西大学法科大学院を経て、27歳の時に司法試験に出願者数7842人中56位の成績で一発合格。弁護士として働き始め、5年目にして独立。独立1年目から2年連続して弁護士業のみで年収5億円を突破し、「日本一稼ぐ弁護士※」となる。その後、不動産投資、レストラン・モデル事務所・人狼ゲーム店舗の経営等、幅広く活動。プライベートでは冒険家グランドスラム（世界七大陸最高峰の登頂及び北極点と南極点到達）に挑戦。現在、エベレスト登頂を含め、七大陸最高峰と南極点を制覇している。

※2014・15年度 国税庁統計年報所得種類別人員における主たる収入が「弁護士」の区分で最も高いレンジである課税所得5〜10億円に入る。

日本《にほん》一《いち》稼《かせ》ぐ弁《べん》護《ご》士《し》の仕《し》事《ごと》術《じゅつ》

2019年 7月 1日 初版発行

発行 **株式会社クロスメディア・パブリッシング**

発行者 小早川幸一郎

〒151-0051 東京都渋谷区千駄ヶ谷4-20-3 東栄神宮外苑ビル

http://www.cm-publishing.co.jp

■本の内容に関するお問い合わせ先 …………… TEL (03)5413-3140／FAX (03)5413-3141

発売 **株式会社インプレス**

〒101-0051 東京都千代田区神田神保町一丁目105番地

■乱丁本・落丁本などのお問い合わせ先 …………… TEL (03)6837-5016／FAX (03)6837-5023

service@impress.co.jp

（受付時間 10:00〜12:00、13:00〜17:00 土日・祝日を除く）

※古書店で購入されたものについてはお取り替えできません

■書店／販売店のご注文窓口

株式会社インプレス 受注センター …………… TEL (048)449-8040／FAX (048)449-8041

株式会社インプレス 出版営業部 …………… TEL (03)6837-4635

カバー・本文デザイン 金澤浩二（cmD）

DTP 荒好見（cmD）

印刷 株式会社文昇堂／中央精版印刷株式会社

製本 誠製本株式会社

ISBN 978-4-295-40315-9 C2034